IT ZHICHANG JIAOJI LIYI

世界上最廉价，而且能得到最大收益的一项特质，就是礼节。
——（美）拿破仑·希尔《成功之路》

IT职场交际礼仪

张玉虎　主编
陈　芳　马　良　徐淑猛　张玉虎　编著

北京师范大学出版集团
BEIJING NORMAL UNIVERSITY PUBLISHING GROUP
安徽大学出版社

图书在版编目(ＣＩＰ)数据

IT 职场交际礼仪 / 张玉虎主编. —合肥:安徽大学出版社,2010.9
ISBN 978-7-81110-855-2

Ⅰ.①I… Ⅱ.①张… Ⅲ.①人间交往—礼仪 Ⅳ.①C912.1

中国版本图书馆 CIP 数据核字(2010)第 175599 号

IT 职场交际礼仪

张玉虎 主编

出版发行:	北京师范大学出版集团
	安 徽 大 学 出 版 社
	(安徽省合肥市肥西路 3 号 邮编 230039)
	www.bnupg.com.cn
	www.ahupress.com.cn
印　　刷:	合肥远东印务有限公司
经　　销:	全国新华书店
开　　本:	169mm×238mm
印　　张:	12
字　　数:	228 千字
版　　次:	2012 年 3 月第 1 版
印　　次:	2012 年 3 月第 1 次印刷
定　　价:	20.00 元
ISBN 978-7-81110-855-2	

责任编辑:钟　蕾　　　　装帧设计:李　军　　　　责任印制:赵明炎

版权所有　　侵权必究

反盗版、侵权举报电话:0551—5106311
外埠邮购电话:0551—5107716
本书如有印装质量问题,请与印制管理部联系调换。
印制管理部电话:0551—5106311

前　言

礼仪是人们在各种社会的具体交往中,为了相互尊重,在仪表、仪态、仪式、仪容、言谈举止等方面约定俗成的、共同认可的规范和程序。广义上说,它泛指人们在社会交往中的行为规范和交际艺术;狭义上说,它通常指在较大或隆重的正式场合,为表示敬意、尊重、重视等所举行的合乎社交规范和道德规范的仪式。具体表现为礼仪、礼节、仪表、仪式。

礼仪是人类文明延续的结果,是一个国家、民族、地区和个人道德文化水平发达程度的重要标志,也是一个团体、组织和个人形象的反映。对全世界而言,礼仪是人类文明的一朵奇葩,它散发出沁人心脾的芬芳,净化了每一个现代人的灵魂,升华了每一个现代人的人格。礼仪是人类文明的一粒火种,照亮了人类社会前行的曲折道路,涤荡了每一个现代人的心灵。随着我国现代化社会的发展和进步,人民的精神需求层次和自我认知价值越来越高,每一个人也越来越希望得到理解、受到尊重。礼仪正由个别行业、个别社会层次的需求转变为全民所需。事实证明,礼仪已在各行各业中发挥着举足轻重的作用。

改革开放以来,随着中国经济的腾飞,中国IT行业的发展也突飞猛进,如:IT行业规模迅速扩大、从业人员急剧增多、相关专业课程纷纷开设等。但是,与热闹的IT行业发展场景相反,有关IT行业交际与礼仪方面的图书却很缺乏。就现在市场上已出版的一些有关交际与礼仪知识的图书来看,这些图书大多只注重人们交际与礼仪的一般知识,缺乏IT行业的独特性。为了进一步促进IT行业的发展,人们迫切需要一本指导和规范IT职场中人的交际与礼仪行为的图书。因此,我们编写了这本《IT职场交际与礼仪》,尽量做到在内容上注重IT行业的独特性,同时也兼顾IT行业人员工作生活中的沟通与交流艺术。本书具有鲜明的时代特色和较高的实用价值,不仅可以用以指导和规范IT行业人员的日常行为,也可以用作全国普通高校计算机类及相关专业课程的教材。

本书以实用性为着眼点,突出可操作性,语言力求简洁、明快、流畅。

本书由张玉虎、陈桂林、马良、陈芳、徐淑猛编写,程辉、孙海英等也为本书的写作付出了辛勤的劳动。由于成书时间仓促,错误之处在所难免,欢迎批评指正。

在本书的编写过程中,编者参阅、借鉴了大量的有关资料、文献,由于书目甚多。恕不一一列举,在此,谨表谢忱!

编　者

2010 年 11 月

内容简介

本书紧扣时代脉搏,系统论述了现代IT职场交际与礼仪的基本内涵、主要特征和重要作用,重点阐述了IT职场中个人、团队、求职等方面的行为规范要求。全书内容共分八章:

第一章 IT职场礼仪概述:阐述IT职场交际与礼仪的含义、特点、原则。

第二章 打造完美的IT职场个人形象:阐述IT职场中有关个人仪容、仪态方面的礼仪要求。

第三章、第四章 学会IT职场中的沟通与交流:阐述IT职场人员在工作中如何得体应对诸如人员介绍、接待、拜访、交谈、宴会、书信、电子邮件、出差、收送礼品、会议等场面。

第五章 培养成功的IT销售经理人:阐述IT销售岗位的定义和特点、IT销售职场中的礼仪要求、销售计划书的写法等。

第六章 创建优秀的IT技术服务团队:阐述IT技术服务的主要内容与原则、IT技术人员的基本素质与基本礼仪、服务合同的签订等。

第七章 了解招标与投标:阐述招标、投标的含义、招标方式、招标公告与投标邀请书的写法、投标文件的制定等。

第八章 IT职场面试礼仪:阐述有志于IT行业的人员在面试前、面试中、面试后的礼仪要求。

目 录

第一章 IT职场礼仪概述 … 1

第一节 礼仪的起源与发展 … 1
一、礼仪的起源 … 1
二、中国礼仪的发展 … 2
三、东、西方礼仪的差异 … 4

第二节 礼仪的含义与功能 … 5
一、礼、礼貌、礼节 … 6
二、礼仪的含义 … 6
三、礼仪的功能 … 7

第三节 IT职场礼仪的特征与原则 … 8
一、IT职场概况 … 8
二、IT职场礼仪的含义与特征 … 9
三、IT职场礼仪的基本原则 … 9

第二章 打造完美的IT职场个人形象 … 11

第一节 展现完美的仪容 … 11
一、发式 … 11
二、面部修饰 … 12
三、着装 … 12

第二节 展现完美的仪态 … 19
一、站姿 … 19
二、坐姿 … 20
三、行姿 … 22
四、蹲姿 … 23

五、表情 ………………………………………………… 24
　　六、握手 ………………………………………………… 25
　　七、手势 ………………………………………………… 25
　　八、避免不雅的举动 …………………………………… 26

第三章　学会 IT 职场中的沟通与交流（上） ………… 28

第一节　如何相互介绍 …………………………………… 28
　　一、正式介绍 …………………………………………… 28
　　二、非正式介绍 ………………………………………… 28
　　三、自我介绍 …………………………………………… 29
　　四、被介绍人的表现 …………………………………… 29

第二节　如何接待与拜访 ………………………………… 29
　　一、当面接待 …………………………………………… 29
　　二、电话接待 …………………………………………… 32
　　三、登门拜访 …………………………………………… 33
　　四、几种常用车型车内的座次安排 …………………… 33

第三节　如何交谈 ………………………………………… 34
　　一、正确使用敬语、谦语、雅语 ……………………… 34
　　二、恰当掌握交谈中的应对规则 ……………………… 35

第四节　如何赴宴 ………………………………………… 36
　　一、关于中餐礼仪 ……………………………………… 36
　　二、关于西餐礼仪 ……………………………………… 38

第四章　学会 IT 职场中的沟通与交流（下） ………… 45

第一节　如何使用信件 …………………………………… 45
　　一、格式正确 …………………………………………… 45
　　二、信息全面 …………………………………………… 45
　　三、内容得体 …………………………………………… 46
　　四、态度尊重 …………………………………………… 46

第二节　如何使用 E-mail ………………………………… 46
　　一、E-mail 主题 ………………………………………… 46
　　二、E-mail 的称呼与问候 ……………………………… 47
　　三、E-mail 正文 ………………………………………… 47
　　四、附件 ………………………………………………… 48
　　五、E-mail 语言的选择和汉字编码 …………………… 48

六、E-mail 的结尾签名 …………………………………… 49
　　七、E-mail 的回复技巧 …………………………………… 49
　　八、E-mail 的转发 ………………………………………… 50
第三节　如何出差 ……………………………………………… 50
　　一、饭店预订 ……………………………………………… 50
　　二、登记入住 ……………………………………………… 51
　　三、入住客房 ……………………………………………… 51
　　四、礼貌离店 ……………………………………………… 52
第四节　如何收送礼物 ………………………………………… 52
　　一、如何赠送礼品 ………………………………………… 52
　　二、如何接受礼品 ………………………………………… 54
　　三、礼品禁忌 ……………………………………………… 54
　　四、如何回礼 ……………………………………………… 55
第五节　如何应对会议 ………………………………………… 55
　　一、做好会前准备 ………………………………………… 55
　　二、参会人员的基本要求 ………………………………… 56
　　三、主持人的基本要求 …………………………………… 57
　　四、发言人的基本要求 …………………………………… 57
　　五、会议完毕后的细节 …………………………………… 58

第五章　培养成功的 IT 销售经理人 ………………………… 59

第一节　了解 IT 销售岗位 …………………………………… 59
　　一、IT 销售岗位的要求 …………………………………… 59
　　二、IT 销售岗位的特点 …………………………………… 61
第二节　IT 销售职场礼仪 …………………………………… 62
　　一、注重个人的基本礼仪 ………………………………… 62
　　二、注重销售沟通技巧 …………………………………… 62
　　三、网络营销技巧 ………………………………………… 65
第三节　做成功的 IT 销售经理人 …………………………… 67
　　一、项目性销售的定义 …………………………………… 67
　　二、IT 销售经理人应具备的基本能力 ………………… 67
第四节　制定销售项目计划书 ………………………………… 69
　　一、应考虑的三个要素 …………………………………… 69
　　二、销售计划 ……………………………………………… 70

第六章　创建优秀的IT技术服务团队 …… 73

第一节　IT技术服务概述 …… 73
一、IT技术服务 …… 73
二、IT技术服务的主要内容 …… 73
三、IT技术服务基本原则 …… 74

第二节　IT技术服务人员的基本素质 …… 75
一、与IT其他从业人员的区别 …… 75
二、IT服务人员的基本素质 …… 75
三、IT服务人员的技能要求 …… 77

第三节　IT技术服务人员的基本礼仪 …… 78
一、技术服务语言规范 …… 78
二、上门服务规范 …… 80
三、送修服务规范 …… 81

第四节　签订技术服务合同 …… 82
一、什么是技术服务合同 …… 82
二、技术服务合同样本 …… 83

第七章　招标与投标 …… 85

第一节　招标、投标与招标方式 …… 85
一、招标 …… 85
二、投标 …… 85
三、招标方式 …… 85

第二节　招标公告与投标邀请书 …… 86
一、招标公告 …… 86
二、投标邀请书 …… 86

第三节　投标文件 …… 87
一、投标文件的构成 …… 87
二、投标文件的编制 …… 88
三、投标文件的密封与标记 …… 89
四、投标文件的送达与签收 …… 89

第四节　投标保证金 …… 90
一、投标保证金的提交 …… 91
二、投标保证金的形式 …… 91
三、投标保证金的有效期 …… 92

四、投标保证金的金额 ……………………………………… 92

第八章 IT职场面试礼仪 …………………………………… 93

第一节 面试前的必要准备 …………………………………… 93
一、认真准备求职信 …………………………………………… 93
二、精心设计个人简历 ………………………………………… 95
三、做好面试前的心理准备 …………………………………… 96

第二节 面试中的得体表现 …………………………………… 101
一、展现良好的仪表 …………………………………………… 101
二、展示得体的举止 …………………………………………… 102
三、应对电话面试 ……………………………………………… 104
四、面试中应注意的细节 ……………………………………… 106
五、面试中提问禁忌 …………………………………………… 107

第三节 面试后的正确行为 …………………………………… 107
一、表示感谢 …………………………………………………… 108
二、适时查询结果 ……………………………………………… 109

附　录 ………………………………………………………… 113

主要参考文献 ………………………………………………… 180

第一章　IT职场礼仪概述

中国素有"文明古国"、"礼仪之邦"之称。不论从孔子的"非礼勿视,非礼勿听,非礼勿言,非礼勿动",还是到今天普遍崇尚的"相敬如宾"、"礼尚往来",礼仪不仅是一种行为规范和思想准则,更是一种处世态度和生活习惯。孔子的"不学礼无以立",更是道出"礼"是个人立身之本。现代文明社会中,礼仪已成为人们步入社会的通行证。

第一节　礼仪的起源与发展

一、礼仪的起源

关于礼仪的起源,说法不一。归纳起来有五种:一是天神生礼仪;二是礼为天地人的统一体;三是礼产生于人的自然本性;四是礼为人性和环境矛盾的产物;五是礼生于理,起源于俗。

1. 天神生礼说

这是人们还没有认识到礼仪的真正起源时的一种信仰说教,是天神崇拜的反映,代表了人类图腾崇拜时期对原始礼仪的一种认识。《左传》有言:"礼以顺天,天之道也。"意思说,礼是用来顺乎天意的,而顺乎天意的礼就合乎"天道"。"天神生礼说"虽然不科学,却反映了礼仪起源的某些历史现象。

2. 天地人统一说

这种观点源于春秋以后兴起的一股思潮。它认为,天地与人既有制约性又有统一性,但天地可以主宰人事。把"礼"引入人际关系中来讨论,比单纯的"天神生礼说"有了很大进步,但仍没有摆脱原始信仰,所以仍是不科学的。

3. 人性起源说

这是儒家的创见,儒家学派把"礼"和人性结合起来,认为"礼"起源于人的天性。孔子以仁释礼,一方面把"礼"作为处理人际关系的总则;另一方面把"仁"当作"礼"的心理依据。克己以爱人,就是"仁";用仁爱之心正确而恰当地处理好人际关系,就是"礼"。

4. 矛盾产物说

提出这一学说的目的,在于解决人和环境之间的矛盾。孔子"克己复礼"的观点,就是看到了人和环境之间的矛盾,而解决这种矛盾的方法是"克己"。人的欲望如不加以节制,什么坏事都干得出来,于是圣人制礼,节制贪欲。

5. 理、俗起源说

这是对礼仪起源的更深入的探讨。理,是指事物的必然性。人们为了生存和发展,制定出合乎人类生存发展的行为规范,就是"礼"。"礼"是理性认识的结果。事物的"礼"落到实处,便与世故习俗相关,所以又有了"礼"起源于俗的说法。荀子说:"礼以顺民心为本……顺人心者皆礼也。"其实就是从理和俗两个层面上说明了"礼"的起源。

根据上述种种说法,可以认为"礼"先于"仪",有了"礼"这个道德规范,才随之产生了"仪"这种表现形式。"礼"与"仪"密不可分。礼、仪在部落群居的形成过程中同步产生,并随着社会组成形式和国家制度的变化而变化,随着人类社会生活的发展而逐步完善。

事实上,我们可以从理论和实际两个层面来理解"礼"的起源:

从理论上说,"礼"的产生是为了维护"人伦秩序",避免发生矛盾和冲突。人类为了生存和发展,必须与大自然抗争,不得不以群居的形式相互依存,人类的群居性使得人与人之间既相互依赖又相互制约。在群体生活中,男女有别,老少有异,既是一种天然的人伦秩序,又是一种需要被所有成员共同认定、保证和维护的社会秩序。人类面临的内部关系必须妥善处理,因此,人们逐步积累和约定出一系列"人伦秩序",这就是最初的"礼"。对欲望的追求是人的本能,在追寻欲望的过程中,人与人之间难免会发生矛盾和冲突,为了避免这些矛盾和冲突,就需要为"止欲制乱"而制定礼仪。

从实际上看,原始宗教的祭祀活动是最早也是最简单的以祭天、敬神为主要内容的"礼"。这些祭祀活动在历史发展过程中逐步完善了相应的规范和制度,正式成为祭祀礼仪。随着人类对自然与社会认识的逐步深入,仅以祭祀天地鬼神祖先为礼,已经不能满足人类日益发展的精神需要,也不能调节日益复杂的现实关系。于是,人们将事神致福活动中的一系列行为,从内容和形式扩展到了人际交往活动中,在社会各个领域,形成了各种各样的礼仪。

二、中国礼仪的发展

中国礼仪在其传承沿袭的过程中不断发生着变革。从历史发展的角度来看,其演变过程可以分为以下几个阶段:

1. 起源时期(夏朝以前)

在原始社会中晚期(约旧石器时代),出现了早期礼仪的萌芽。这时期的礼仪较为简单,还不具有阶级性。内容包括:明确血缘关系的婚嫁礼仪;区别部族内部尊卑等级的礼制;为祭天敬神而确定的一些祭典仪式;一些在人们的相互交往中表示礼节和表示恭敬的动作。

2. 形成时期(夏、商、西周三代)

人类进入奴隶社会后,统治阶级为了巩固自己的统治地位而把原始的宗教礼仪发展成符合奴隶社会政治需要的礼制,礼被打上了阶级的烙印。在这个阶段,中国第一次形成了比较完整的国家礼仪与制度,"五礼"就是一整套涉及社会生活各方面的礼仪规范和行为标准。古代的礼制典籍亦多撰修于这一时期,如周代的《周礼》、《仪礼》、《礼记》就是我国最早的礼仪学专著。在汉代以后2000多年的历史中,它们一直是国家制定礼仪制度的经典著作,被称为"礼经"。

3. 变革时期(春秋战国时期)

这一时期,学术界形成了百家争鸣的局面,以孔子、孟子、荀子为代表的诸子百家对礼教进行了研究,对礼仪的起源、本质和功能进行了系统阐述,第一次在理论上全面而深刻地论述了社会等级秩序的划分标准及其意义。

孔子对礼仪非常重视,把"礼"看成治国安邦、平定天下的基础。他认为"不学礼,无以立"、"质胜文则野,文胜质则史。文质彬彬,然后君子"。他要求人们用"礼"的规范来约束自己的行为,要做到"非礼勿视,非礼勿听,非礼勿言,非礼勿动";倡导"仁者爱人",强调人与人之间要有同情心,相互关心,彼此尊重。

孟子把"礼"解释为对尊长和宾客严肃而有礼貌的行为,即"恭敬之心,礼也",并把"礼"看做人的善性的发端之一。

荀子把"礼"作为人生哲学思想的核心,把"礼"看做做人的根本目的和最高理想,"礼者,人道之极也"。他认为"礼"既是目标、理想,又是行为过程。"人无礼则不生,事无礼则不成,国无礼则不宁。"

管仲把"礼"看做人生的指导思想和维持国家的第一支柱,认为礼关系到国家的盛衰存亡。

4. 强化时期(秦汉到清末)

在我国长达2000多年的封建社会里,尽管在不同的朝代,礼仪文化具有不同的社会政治、经济、文化特征,它们却有一个共同点,那就是一直为统治阶级所利用,是维护封建社会等级秩序的工具。这一时期的礼仪的重要特点是尊君抑臣、尊夫抑妇、尊父抑子、尊神抑人。在漫长的历史演变过程中,它逐渐变成妨碍人类个性自由发展、阻挠人类平等交往、束缚思想的精神枷锁。

纵观封建社会的礼仪,大致包含涉及国家政治的礼制和家庭伦理两方面的内容。这一时期的礼仪构成中华传统礼仪的主体。

5. 发展时期（民国到现代）

辛亥革命以后，受西方资产阶级"自由、平等、民主、博爱"思想的影响，中国传统的礼仪规范、制度受到强烈冲击。五四新文化运动对腐朽、落后的礼教进行了清算，符合时代要求的礼仪被继承、完善、流传，繁文缛节被抛弃，同时引入了一些国际上通用的礼仪形式。新的礼仪标准、价值观念得到推广和传播。新中国成立后，我国逐渐确立以"平等相处、友好往来、相互帮助、团结友爱"为主要原则的新型社会关系和人际关系。改革开放以来，随着中国与世界的交往日趋频繁，西方一些先进的礼仪陆续传入我国，同我国的传统礼仪一道融入社会生活的各个方面，构成了社会主义礼仪的基本框架。许多礼仪从内容到形式都在不断变革，现代礼仪进入了全新的发展时期。大量的礼仪书籍相继出版，各行各业的礼仪规范纷纷出台，礼仪讲座、礼仪培训日趋红火。人们学习礼仪知识的热情空前高涨，讲文明、讲礼貌蔚然成风。随着社会的进步、科技的发展和国际交往的增多，礼仪必将得到进一步的完善和发展。

三、东、西方礼仪的差异

东方礼仪主要指以中国、日本、朝鲜、泰国、新加坡等国为代表的亚洲国家所具有的东方民族特点的礼仪文化。西方礼仪主要指流传于欧洲、北美各国的礼仪文化。

1. 在对待血缘亲情方面

东方人非常重视家族和血缘关系，"血浓于水"的传统观念根深蒂固，人际关系中最稳定的就是血缘关系。

相比较而言，西方人独立意识强，不很重视家庭血缘关系，而更看重利益关系。他们将责任、义务分得很清楚，责任必须尽到，义务则完全取决于实际能力，绝不勉为其难。他们处处强调个人拥有的自由，追求个人利益。

2. 在表达形式方面

西方礼仪强调实用，表达率直、坦诚；东方人以"让"为礼，凡事都要礼让三分，与西方人相比，常显得谦逊和含蓄。

在面对他人夸奖时，东、西方人的反应也不相同。中国人常常会说"过奖了"、"惭愧"、"我还差得很远"等，表示自己的谦虚；而西方人往往会用"谢谢"来表示接受对方的赞美。

3. 在礼品馈赠方面

在中国，人际交往特别讲究礼数，重视礼尚往来，将礼物作为人际交往的媒介和桥梁。除了重要节日互相拜访需要送礼外，平时的婚、丧、嫁、娶、生日、提职、加薪等都可以作为送礼的理由。

西方人则一般不轻易送礼给别人,除非相互之间建立了较为稳定的人际关系。在送礼形式上,西方人也比东方人简单得多。一般情况下,他们既不送过于贵重的礼品,也不送廉价的物品,但非常重视礼品的包装,讲究礼品的文化格调与艺术品位。

在送礼和接受礼品时,东西方也存在着差异。西方人送礼时,总是向受礼人直截了当地说明:"这是我精心为你挑选的礼物,希望你喜欢。"或者说:"这是最好的礼物。"西方人一般不推辞别人赠予的礼物,接受礼物时先对送礼者表示感谢,接过礼物后总是当面拆看礼物,并对礼物赞扬一番。而东方人则不同,中国人及日本人在赠予对方礼物时总是谦虚而恭敬地说:"微薄之礼不成敬意,请笑纳。"东方人在受礼时,通常会客气地推辞一番,接过礼品后一般不当面拆看,恐对方因礼物过轻或不尽如人意而难堪,或显得自己重利轻义,有失礼貌。

4. 在对待"老人"的态度方面

东方人一般认为老者、尊者优先,凡事讲究论资排辈;西方人崇尚自由平等,等级观念没有东方人那么强,而且西方人独立意识强,不愿老,不服老,特别忌讳"老"。

5. 在时间观念方面

西方人时间观念强,做事讲究效率。出门常带记事本,记录日程和安排,有约必提前到达,至少要准时,且不会随意改动。西方人不仅惜时如金,而且常将交往方是否遵守时间当作判断其工作是否负责、是否值得与其合作的重要依据。在他们看来,这直接反映了一个人的形象和素质。遵守时间秩序,使西方人养成了严谨的工作作风,他们办起事来井井有条。西方人工作时间和业余时间区别分明,休假时间不打电话谈论工作,甚至断绝非生活范畴的交往。

相对来讲,东方人使用时间比较随意,时间观念比较淡漠,改变原定的时间和先后顺序、开会迟到、老师上课拖堂、开会作报告任意延长时间是经常的事。

6. 在对待隐私方面

西方礼仪处处强调个人自由(在不违反法律的前提下),将个人的尊严看得神圣不可侵犯。在西方,冒犯对方"私人的"权利,是非常失礼的行为。因为西方人在尊重别人的隐私权的同时也要求别人尊重他们的隐私权。

东方人非常注重共性拥有,强调群体,强调人际关系的和谐,邻里间相互关心、嘘寒问暖,是一种富于人情味的表现。

第二节 礼仪的含义与功能

孔子云:"人无礼则不生,事无礼则不成,国无礼则不宁。"意为个人没有"礼"

就不能生活,国家没有"礼"就不能安宁。这三个"礼"字各有各的含义,第一个"礼"指的是生活中的行为规范;第二个"礼"指的是规则、规矩;第三个"礼"是指政治、法律制度。

一、礼、礼貌、礼节

1. 礼

"礼"的本意为敬神,后引申为表示敬意。"礼"的含义比较丰富,它既可以指为表达敬意而举行的仪式;也可泛指社会交往中的礼貌、礼节,即人们在长期的生活实践中约定俗成、共同认可的行为规范;它还特指奴隶社会、封建社会等级森严的社会规范和道德规范。在《中国礼仪大辞典》中,"礼"被定义为特定的民族、人群或国家基于客观历史传统而形成的价值观念、道德规范以及与之相适应的典章制度和行为方式。"礼"的本质是"诚",有"敬重、友好、谦恭、关心、体贴"之意。它是人与人之间乃至国际交往中,相互表示尊重、亲善和友好的行为。

2. 礼貌

礼貌是指人们在交往过程中,相互表示敬意和友好的行为,是一个人在待人接物时的外在表现。它通过仪表及言谈举止来表示对交往对象的尊重。它反映了时代的风尚与道德水准,体现了人们的文化层次和文明程度。

3. 礼节

礼节是指人们在日常生活中,特别是在交际场合中,相互表示问候、致意、祝愿、慰问以及给予必要的协助与照料的惯用形式。礼节是礼貌的具体表现,主要指在日常生活中的个体礼貌行为。

礼是一种社会道德规范,是人们社会交际中的行为准则。礼貌、礼节、礼仪都属于礼的范畴,礼貌是表示尊重的言行规范,礼节是表示尊重的惯用形式和具体要求,礼仪是由一系列具体表示礼貌的礼节所构成的完整过程。"礼貌"、"礼节"、"礼仪"三者尽管名称不同,但都是人们在相互交往中表示尊敬、友好的行为,其本质都是尊重人、关心人。三者相辅相成,密不可分。有礼貌而不懂礼节,往往容易失礼;谙熟礼节却流于形式,充其量只是客套。礼貌是礼仪的基础,礼节是礼仪的基本组成部分。礼是仪的本质,而仪则是礼的外在表现。礼仪在层次上要高于礼貌、礼节,其内涵更深、更广,它由一系列具体的礼貌、礼节所构成;礼节只是一种具体的做法,而礼仪则是一个表示礼貌的系统的、完整的过程。

二、礼仪的含义

"礼仪"一词出自《诗经》:"献酬交错,礼仪卒度。"礼仪包括"礼"和"仪"两部分。"礼",即礼貌、礼节;"仪"即"仪表"、"仪态"、"仪式"、"仪容",是对礼节、仪式的统称。礼仪是人们在各种社会的具体交往中,为了相互尊重,在仪表、仪态、仪式、仪容、言谈举止等方面约定俗成的、共同认可的规范和程序。广义上说,它泛指人们在社会交往中的行为规范和交际艺术;狭义上说,它通常是指在较大或隆重的正式场合,为表示敬意、尊重、重视等举行的合乎社交规范和道德规范的仪式。

三、礼仪的功能

1. 教育功能

礼仪是人类社会进步的产物,是传统文化的重要组成部分。礼仪蕴涵着丰富的文化内涵,体现着社会需要与时代精神。礼仪通过评价、劝阻、示范等教育形式,纠正人们不正确的行为习惯,指导人们按礼仪规范的要求去协调人际关系,维护社会正常生活。对国民普及礼仪教育,可以从整体上提高国民的综合素质。

2. 沟通功能

礼仪是一种信息性很强的行为。在人际交往中,交往双方只有按照礼仪的要求,才能更有效地向交往对象表达自己的尊敬、敬佩、善意和友好,人际交往才可以顺利进行和延续。热情的问候、友善的目光、亲切的微笑、文雅的谈吐、得体的举止等,不仅能唤起人们的沟通欲望,彼此建立起好感和信任,更能促成交流的成功,进而有助于事业的发展。

3. 协调功能

在人际交往中,维系人们之间沟通与交往的礼仪充当着十分重要的"润滑剂"作用。礼仪的原则和规范,约束着人们的动机,指导着人们立身处世的行为方式。交往的双方按照礼仪的规范约束自己的言行,不仅可以避免某些不必要的矛盾冲突,还有助于建立和加强人与人之间相互尊重、友好合作的新型关系,使人际关系更加和谐,社会秩序更加有序。

4. 塑造功能

礼仪讲究和谐,重视内在美和外在美的统一。人们在礼仪的要求下不断地充实和完善自我,谈吐越来越文明,修饰打扮越来越富有个性,举止仪态越来越优雅,体现出时代的特色和精神风貌。

5. 维护功能

礼仪作为社会行为规范,对人们的行为有很强的约束力。在维护社会安定方面,礼仪具有法律所起不到的作用。社会的发展与稳定、家庭的和谐与安宁、邻里的和睦、同事之间的信任与合作,都有赖于人们共同遵守礼仪的规范与要求。社会上讲礼仪的人越多,社会就越和谐稳定。

第三节 IT 职场礼仪的特征与原则

一、IT 职场概况

1. IT 的含义

IT 是"Information Technology"的缩写,意为"信息技术",包含现代计算机、网络、通讯等信息领域的技术。

对于 IT 的概念,不同的人有不同的解释,但公认由以下三部分组成:传感技术——这是人的感觉器官的延伸与拓展,最明显的例子是条码阅读器;通信技术——这是人的神经系统的延伸与拓展,承担传递信息的功能;计算机技术——这是人的大脑功能延伸与拓展,承担处理信息的功能。

那么,如何理解 IT 行业呢? 从广义上说,IT 行业包括所有不同的和信息技术相关的职业,大到航天卫星的制造,小到打字工作都属 IT 行业;从狭义上说,IT 行业特指电脑技术及其行业应用。后者属于本书所讨论的范围。

2. IT 行业基本分类

狭义的 IT 行业可以分为计算机硬件行业、计算机软件行业和 IT 服务业三大类。

(1)计算机硬件业。主要包括从材料、芯片、板卡、显示器、存储器到整机等各产品的研发、生产和制造。我国计算机硬件行业的优势集中在整机组装以及部分外设的生产方面,目前已具备一定的规模,同时产生了"联想"、"方正"这样在整个亚太地区竞争力较强、规模较大的企业。

(2)计算机软件业。软件是电脑系统设计的重要依据,表现为电脑系统中的程序和有关的文件。软件产品可以分为应用软件和操作系统两大类。应用软件如微软的文字表格处理软件、浏览器软件等,操作系统如 Windows Unix 等。电脑软件更新速度很快,一些电脑软件的新技术开发更新的周期一般为 3~12 个月。计算机软件行业是 21 世纪初期人类开发高科技的核心工程,其科技含量最高,涉及电脑程式设计技术、国际互联网技术、各种应用专业的技术、微电子技术、知识工程技术等高科技领域。

(3)IT 服务业。IT 服务业包括支持与维护服务、网络服务、IT 咨询服务、IT 运营管理服务、IT 教育和培训服务等。IT 服务业是 IT 业和服务业的重要组成部分。

3. IT 行业的热门职位

IT 行业里热门的职位有：软件测试工程师、软件工程师（尤其是 Java 软件人才）、游戏开发测试人才（尤其是手机游戏人才）、网络与信息安全工程师和 IT 管理人才等。

二、IT 职场礼仪的含义与特征

1. 含义

IT 行业礼仪是指 IT 行业人员在工作的过程中，对自己、他人、组织（团队）、国家所应遵循的一系列约定俗成的行为规范及其实施程序，是礼仪在 IT 行业的具体运用。IT 行业礼仪以礼仪为基础，同时具备 IT 行业特色。

2. 特征

（1）广泛性。IT 行业是一个门类众多的行业，每位从业人员以及每个部门，都需要按照特定的礼仪做好本职、本部门的工作。任何一个从业人员或部门出现差错，都会影响 IT 行业的整体形象。

（2）实用性。IT 行业礼仪直接服务于 IT 行业，是礼仪在 IT 行业中的具体运用，具有很强的实用性和针对性。不同的职位、不同的部门都有自己特定的礼仪规范，如软件测试工程师、软件工程师必须具备的礼仪之一就是要在行为中显示出团队合作意识。

（3）灵活性。IT 行业礼仪的规范不是死板的，而是具体的、灵活的、可变的。IT 行业工作者应该在不同的场合下，根据不同的交往对象灵活地处理各种关系。

（4）共同性。IT 行业礼仪的共同性是指它的一些规范要求是人们在工作过程中应该共同遵守的。尽管 IT 行业礼仪因职位、部门的差异不尽相同，但本质上都是调节人与人之间最一般关系的行为规范。

三、IT 职场礼仪的基本原则

1. 尊重

人与人之间的交往应基于相互尊重。社会上的每个成员不论职位高低、财富多寡，都是平等的，在交往的过程中应相互尊重、一视同仁，不能把人分为三六九等，另眼相看。

2. 宽容

礼仪的宽容原则，指不过分计较对方礼仪上的差错过失。IT 行业人员在工作中，既要严于律己，更要宽以待人，多理解他人、体谅他人，切不可求全责备、斥斤计较,甚至咄咄逼人。唯有宽容才能排除人际交往中的各种障碍。不能宽容他人,往往会使人得理不饶人,使人际关系恶化,所以我们应该以理解和宽容来增强凝聚力。

3. 合宜

现代礼仪强调人际交往与沟通一定要遵循适度的原则,注意社交距离,控制感情尺度,应牢记过犹不及,坚持因时、因地、因人的合宜原则。

4. 合作

IT行业是一个非常注重团队精神的行业。团队精神反映的是一个人与他人合作的精神和能力。SGI视算电脑科技有限公司公司人力资源部经理曹光荣说:"SGI公司生产世界上最先进的计算机,但世界上有一种仪器比计算机更精密、也更具有创造力,那就是人的身体。团队精神就好比人身体的每个部位,一起合作去完成一个动作。对公司来讲,团队精神就是每个人各就各位,通力合作。我们公司的每一个奖励活动或者我们的业绩评估,都是把个人能力和团队精神作为两个最主要的评估标准。如果一个人的能力非常好,而他却不具备团队精神,那么我们宁可选择后者。"人首先是社会的。时代发展到今天,人的社会属性较以往任何时候都更为明显和重要。团队精神是人的社会属性在当今的企业和其他各社会团体内的重要体现。

5. 自律

礼仪的最高境界是自律,即在没有任何监督的情况下,仍能自觉地按照礼仪规范约束自己的行为。IT行业工作者不仅要了解和掌握具体的礼仪规范,而且要在内心树立起一种道德信念,提高自己的行为修养,从而获得内在的力量。在工作中从自我约束入手,时时检查自己的行为是否符合礼仪规范,严格按照礼仪规范做人、做事,做到把遵守礼仪规范变成自觉的行为。

第二章　打造完美的 IT 职场个人形象

一身笔挺的深色西装,配上洁净的浅色衬衫,手提笔记本电脑,身姿挺拔,步履矫健,这是影视剧中经常出现的 IT 职场人员形象。的确,健康、阳光的 IT 职场人员个人形象代表着整个 IT 行业严谨的现代化管理理念,同时也充分体现了 IT 职场高素质精英人才的风采。因此,身处 IT 职场中的你,要想以完美的形象在职场交际活动中闪亮登场,就需要注意自己的仪容和仪态。

第一节　展现完美的仪容

不同于娱乐、演艺等其他行业,简洁、质朴、大方是对 IT 职场人员仪容的总体要求。

一、发式

一般来说,一个人所选发式应与自己的脸型、肤色、体型相匹配,与气质、职业、身份相吻合。头发洁净、发型大方是对 IT 职场人员发式的最基本要求。

1. 男士的发式

一般对男士发型的要求是前部的头发不要遮住眉毛,侧部的头发不要盖住耳朵,后部的头发不要长过西装衬衫领子的上部,鬓角不要过厚、过长。IT 职场中的男士也不例外,要以干净、整洁、大方为标准,注意经常修理发式,一般一个月左右修剪一下头发是比较合适的。

2. 女士的发式

IT 职场中女性的发型,也应力求简洁、美观、大方。时髦的或花哨的发型,都要适可而止;而那些奇异、花样百出的罕见发型及红色、橘红色、绿色、金黄色等发色,则最好不要尝试。不过,为了调剂单调、沉闷的工作气氛,头发或绾或放,可以交替变化,也可使用一些发带、发夹、发箍之类的饰品。但需要注意的是,所选择的发卡、发带的式样也应该是庄重大方的。

二、面部修饰

1. 男士的面部修饰

IT职场男士要注意两点:一要每天剃须修面,以保持面部的整洁;二要注意随时保持口气的清新,因为有时会接触到香烟、酒这些有刺激性气味的物品。

2. 女士的面部修饰

作为IT职场女性,打扮过度会让人感到做作;过于简单则让人感到不正式,一般以妆容能符合当天工作需要为原则。在正式的场合,适当的化妆必不可少,但要注意应该以简洁淡雅为主,不应该浓妆艳抹。可以适当地画眼线、涂口红,以起到画龙点睛的作用,但不要涂抹过多的彩色眼影;口红颜色以柔和的粉色、橘色为佳,不要太鲜亮。

三、着装

从礼仪的角度看,着装不能简单地等同于穿衣。它是着装人基于自身的阅历修养、审美情趣、身材特点,根据不同的时间、场合、目的,力所能及地对所穿的服装进行精心的选择、搭配和组合的过程。

1. IT职场人员着装原则

除了整齐、洁净、完好这三个基本原则外,IT职场人员着装还应遵循以下原则:

(1)文明大方。着装要符合我国的道德传统和日常习惯。在正式场合,忌穿过露、过透、过短和过紧的服装。身体部位过分暴露,不但有失自己身份,而且也失敬于人,使他人感到多有不便。

(2)搭配得体。该原则要求着装的各个部分相互呼应,精心搭配,特别是要恪守服装本身及与鞋帽之间约定俗成的搭配,在整体上尽可能做到完美、和谐,展现整体之美。

(3)个性特征。个性特征原则要求着装应符合自身形体、年龄、职业的特点,扬长避短,并在此基础上创造和保持自己的风格,即在不违反礼仪规范的前提下,在某些方面体现与众不同的个性,切勿盲目追逐时髦。

2. 男士着装

在正式的场合,IT职场男士应该穿西装,打领带,衬衫的搭配要适宜。杜绝在正式的商务场合穿夹克衫或者是将西装与高领衫、T恤衫、毛衣进行搭配。

(1)西装的选择:IT职场中男士的西装一般以深色为主,避免穿花格子或者颜色非常艳丽的西服。男士的西服一般分为单排扣和双排扣两种。在穿单排扣西服的时候,特别要注意,系扣子的时候,一般是两粒扣子的,只系上面的一粒;如果是三粒扣子,只系上面的两粒,最下面的一粒不系。穿着双排扣西服的时候,则应该系好所有的纽扣。

(2)衬衫的选择:衬衫的颜色和西装整体的颜色要协调,面料不宜过薄或过透。特别要注意的是,穿着浅色衬衫的时候,在衬衫的里面不要穿深色的内衣,或者是保暖防寒服。不要将里面的内衣露出领口。你打领带的时候,衬衫上所有的纽扣,包括领口、袖口的纽扣,都应该扣好。

(3)领带的选择:领带的颜色要和衬衫、西服整体的颜色协调,系领带的时候,要注意领带的长度以正好抵达腰带的上方或与腰带保持一两公分的距离最为适宜。

(4)皮鞋以及袜子的选择:IT职场男士在穿西服、打领带时,一般要配以皮鞋,杜绝搭配运动鞋、凉鞋或者布鞋。皮鞋要保持光亮整洁。袜子的质地、透气性要良好。同时,袜子的颜色必须和西装的整体颜色相协调。穿深色皮鞋的时候,袜子的颜色也应该以深色为主,避免出现花哨的图案。

(5)必备物品的选择:有几件物品是男士在商务活动中必备的:

• 钢笔。钢笔应放置于西装内侧的口袋,而不应该是西装的外侧口袋。一般情况下,尽量避免把它放在衬衫的口袋里面,因为这样容易弄污衬衫。

• 名片夹。为了保持名片的清洁整齐及妥善地放置他人名片,应该选择一个比较好的名片夹,这样也可以避免直接把对方的名片放在你的口袋中或者放在手中不停地摆弄。

• 纸巾。在着装的时候,应该随身携带纸巾或是一块手绢,以便随时清洁自己,从而避免一些尴尬场面的出现。

当然,以上着装要求并不意味着IT职场男士要穿千篇一律的深色西服。只要注意一些搭配细节,就能让你穿着得体并具个性,开展工作也会变得顺利和高效。例如:棕色的鞋子配橄榄色、棕褐色或者棕色的衣服;黑色的鞋子配黑色、蓝色或者灰色的衣服;鞋子、腰带、公文包的颜色要统一;袜子的颜色要与裤子而不是鞋子的颜色相配;利用领带的选择和变换来充分表现你的个性等等。

(6)IT职场男士着装禁忌:职场着装的关键是合乎场合。IT职场男士当然也不例外。下面列举的这些衣服就不适合在办公室或商务往来中穿:

• 运动服、运动鞋。

• T恤。

• 沙滩服、户外装。

• 短裤。

• 褶皱、划破或者有磨损的衣服。

• 凉鞋、拖鞋、雨靴、船鞋。

- 鞋跟坏了的鞋子。

3. 女士着装

IT 职场女士在正式的工作场合中着装、丝袜及皮鞋的搭配以及携带的必备物品等的要求与男士着装相同,但需要注意以下方面:

(1) 服装的选择:IT 职场女性着装要力求整洁、大方、舒适。在办公时间应以套装或衬衫搭配裙子为最佳。如果单位没有穿套装的习惯,那么建议您的服装最好大方、舒适、便于行动。不宜在正式场合穿着露、透、短的衣服,如果内衣若隐若现会很不雅观。服装并非一定要高档华贵,但应保持清洁,熨烫平整,这样穿起来就能显得大方得体、精神焕发。

(2) 丝袜及皮鞋的选择:除了主体衣服之外,鞋袜等的搭配也要多加注意。如丝袜的长度一定要高于裙子的下摆,袜子以透明近似肤色或与服装颜色协调为好,不宜穿带有网眼及大花纹的袜子。正式、庄重的场合不宜穿凉鞋或靴子。鞋子最好是中性色彩的高跟或是中高跟皮鞋,因为有跟的皮鞋更能体现女性优美体态,但应该尽量避免鞋跟过高或过细,同时也应避免鞋子的颜色过于艳丽,式样过于新奇。

(3) 佩戴物品的选择:巧妙地佩戴饰品能够起到画龙点睛的作用,给职场女性增添色彩。但要注意佩戴首饰最关键的就是要与整体服饰搭配统一起来。另外,选择修饰物如戒指等应尽量避免过于奢华花哨;同时,佩戴的饰品不宜过多,并且应尽量选择同一色系、质地。

(4) IT 职场女士着装禁忌:在工作场合过于强调外表会分散别人的注意力。因此,IT 职场女士着装的关键是要体现职业性。应忌讳以下方面:

- 化浓妆和香气袭人。
- 头发蓬乱或者盖住前额、染发过重、发色奇异、湿发。
- 指甲油太亮或有过多图案。
- 佩戴过多的珠宝首饰。
- 穿无袖、过紧或过于暴露的衣服。
- 穿低腰裤、低腰裙、迷你裙、短裤或者紧身裤。
- 穿过高、过细的高跟鞋、露趾鞋。

总之,IT 职场人员在各种正式场合要注重通过个人着装来体现仪表美,增加交际魅力,给人留下良好的印象。

4. 几种领带系法

法式系法——最浪漫。领带绕在颈部,宽端长于窄端(以下系法,此步骤相同);宽端从上往下绕过窄端,从颈圈上方穿过;宽端再绕一圈,从颈圈下方往上穿出;从结节处穿过,使宽端盖住窄端。

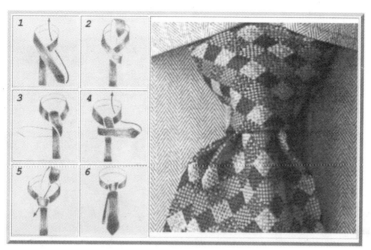

浪漫结（THE TREND KNOT）完成图

单结温莎式——最普遍。拉住窄端，将宽端沿窄端绕到另一边，然后从颈圈上部向下穿过，拉紧成结；继续将宽端沿打结处绕到另一边，从颈圈下方向上穿过；将宽端从正面穿过打结处。

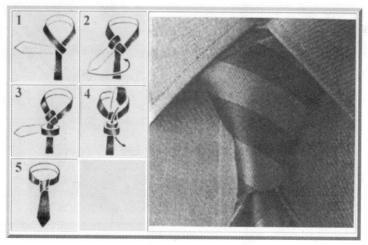

十字结（半温莎结）完成图

双结温莎式——最庄重。宽端从颈圈下部向上穿过，再从窄端下方穿过至另一边；再将宽端从颈圈上部向下穿过，拉紧成结；将宽端从窄端上方置于另一边，再从颈圈下方向上穿出。宽端一端从打结处穿出；双结叠加后使领带看上去更笔挺、大气。虽然手法繁复，但领结相当沉稳，适合肩膀宽阔、身材魁梧者，穿着于严肃的场合。

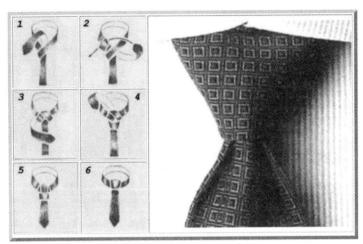

温莎结(THE WINDSOR)完成图

亚伯特王子结。适用于浪漫扣领及尖领系列衬衫;搭配浪漫质料柔软的细款领带;正确打法是在宽边先预留较长的空间,并在绕第二圈时尽量贴合在一起。

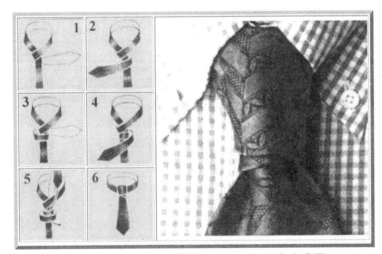

亚伯特王子结(THE PRINCE ALBERT)完成图

简式结(马车夫结)。适用于质料较厚的领带;最适合打在标准式及扣式领口之衬衫,是常见的一种结形。正确打法是将其宽边以180°由上往下翻转;并将折叠处隐藏于后方;待完成后可再调整其领带长度。

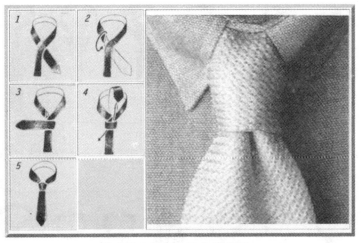

简式结(马车夫结)完成图

四手结(单结)。是所有领结系法中最容易上手的,适用于各种款式的浪漫系列衬衫及领带。

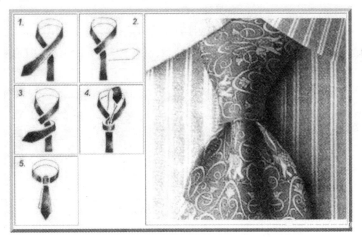

四手结(单结)(THE FOUR-INOHAND)完成图

双环结。一条质地细致的领带再搭配上双环结颇能营造时尚感,适合年轻的上班族选用。该领结完成的特色就是第一圈会稍露出于第二圈之外,可别刻意给盖住了。

双环结—Double Kont

交叉结。这是对于单色素雅质料且较薄领带适合选用的领结,喜欢展现流行感的男士不妨多加使用。

交叉结—Cross Kont

双交叉结。这样的领结给人以高雅且隆重的感觉,适合正式的活动场合。该领结应多运用在素色且丝质领带上,若搭配大翻领的衬衫不但适合且有种尊贵感。

双交叉结—Double Cross Kont

平结。平结为最多男士选用的领结打法之一,几乎适用于各种材质的领带。要诀:领结下方所形成的凹洞需让两边均匀且对称。

平结—Plain Kont

第二节 展现完美的仪态

仪态,是人们在外观上可以明显地察觉到的人的活动、动作,以及在动作、活动之中身体各部分呈现出的姿态。自古以来,人们都对良好的仪态有明确的要求,正所谓"站如松、坐如钟、行如风"。在现代IT职场活动中,优雅的仪态不仅可以表现出个人良好的礼仪修养,给人留下美好的印象,还能为企业和个人赢得更多合作的机会。

一、站姿

站姿是步态和坐姿的基础,一个人想要表现出得体雅致的姿态,首先要从规范站姿开始。得体的站姿给人以健康向上的感觉;不好的站姿如低头含胸、双肩歪斜、依靠墙壁、腿脚抖动等会给人萎靡不振的感觉。

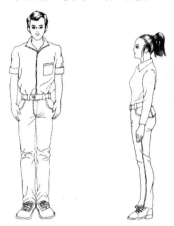

1. 得体站姿的基本要点

标准站姿关键有三点:一是臀部向上提,脚趾抓地;二是腹肌、臀肌收缩上提,前后形成夹力;三是头顶上悬,肩向下沉。这三点都做到位,才能保持标准站姿。根据这些要求,得体站姿要求人们站立时双腿基本并拢,双脚成45°~60°,身体直立,挺胸,抬头,收腹,平视。站立时杜绝躬腰驼背、挺肚、东倒西歪,将身体倚在其他物体上,或将两手插在裤袋里、叉在腰间,或抱臂于胸等。不过,IT职场中,男性与女性的站姿要求略有不同。

(1)男性标准站姿:男性站立时,身体要立直,挺胸抬头,下颌微收,双目平视,两膝并严,脚跟靠紧,脚掌分开呈"V"字形,收腹吸臀,双手置于身体两侧自然下垂；或者两腿分开，两脚平行（不能超过肩宽），双手在身后交叉，右手搭在左手上，贴在臀部。

（2）女性标准站姿：女性站立时，双脚要呈"V"字形，膝盖和脚后跟尽量靠拢；或一只脚略向前，一只脚略往后；前脚的脚后跟稍稍向后脚的脚背靠拢，后腿的膝盖向前腿靠拢。要避免僵直硬化，肌肉太紧张，可以适宜地变换姿态，追求动感美。

2. 工作场合的五种站姿

站姿可以随着时间、地点、身份的变化而变化，但一定要自然大方，并且适合自己的外在和内在特点。

（1）垂直站姿：如标准立正姿态。

（2）前交手站姿：身体直立，男性双脚分开不超过肩宽，重心分散于两脚上，两手在腹前交叉；女性两脚尖略展开，一脚在前，且后跟靠近另一脚内侧前端，重心可置于两脚上，也可置于一只脚上，通过重心的转移减轻疲劳，双手仍在腹前交叉。

（3）后交手站姿：脚跟并拢，脚尖展开60°～70°，挺胸立腰，下颌微收，双目平视，两手在身后相搭，贴在臀部。

（4）单背手站姿：两脚尖展开90°，左脚向前，将脚跟靠于右脚内侧中间位，呈左丁字步，身体重心于两脚上，左手背后，右手下垂成左背手站姿；相反站成右丁字步，背右手，左手下垂成右背手站姿。

（5）单前手站姿：两脚尖展开90°，左脚向前，将脚跟靠于右脚内侧中间，左手臂下垂，右臂肘关节屈，右前臂抬至横膈膜处，右手心向里，手指自然弯曲，成右前手站姿。同样，相反的脚位和手位可站成左前手站姿。

二、坐姿

坐姿要端庄沉稳、镇定安详。

1. 得体坐姿的基本要点

上身挺直，两肘自然弯曲或靠在椅背上，双脚接触地面，双腿适度并拢。一般情况下，要求女性的双腿并拢，而男性双腿之间可适度留有间隙。双腿自然弯曲，两脚平落于地面，不宜前伸。女性大腿并拢，小腿交叉，但不宜向前伸直。如女性着裙装，应在就座前从后面抚顺一下裙摆再坐下。

2. 几种工作场合下的坐姿

（1）男女均可采用的坐姿。

• 正襟危坐式：上身与大腿、大腿与小腿、小腿与地面都应当成直角。双膝双脚适度并拢。这是最传统意义上的坐姿，适用于大部分的场合尤其是正式场合。

· 大腿叠放式：两条腿在大腿部分叠放在一起，位于下方的一条腿垂直于地面，脚掌着地，位于上方的另一条腿的小腿适当向内收，同时脚尖向下。但女性着短裙时不宜采用这种姿势。

· 双脚交叉式：双脚在踝部交叉。交叉后的双脚可以内收，也可以斜放，但不宜向前方远远直伸出去。

· 前伸后屈式：双腿适度并拢，左腿向前伸出，右腿向后收，两脚脚掌着地。

· 双脚内收式：适合一般场合采用。要求：两条大腿首先并拢，双膝略打开，两条小腿分开后向内侧屈回。

（2）男士专用坐姿。

· 垂腿开膝式：多为男性所使用，也较为正式。要求上身与大腿、大腿与小腿皆成直角，小腿垂直于地面。双膝分开，但不得超过肩宽。

· 大腿叠放式：多适用男性在非正式场合采用。要求两条腿在大腿部分叠放在一起。叠放之后位于下方的一条腿垂直于地面，脚掌着地。位于上方的另一条腿的小腿则向内收，同时脚尖向下。

（3）女士专用坐姿。

· 双腿斜放式：适用于穿裙子的女性在较低处就座。双腿完全并拢，然后双脚向左或向右斜放，斜放后的腿部与地面约成45°夹角。

· 双腿叠放式：双腿上下交叠，两腿之间没有间隙，双腿斜放于左侧或右侧，双手斜放于左右一侧，斜放后的腿部与地面约成45°夹角，叠放在上的脚尖垂向地面。女士着裙装可采用这种方式，造型极为优雅，有一种大方高贵之感。

3．电脑前的正确坐姿

相对于其他行业的人来说，IT职场人员会更频繁地使用电脑。如果坐姿不当，不仅影响个人形象，还会危害到个人身体的健康。使用电脑时正确的坐姿主要包括以下方面：

- 选择符合人体科学设计的桌椅或专用的电脑桌椅。
- 坐椅最好有支持性椅背及扶手,并能调整高度。
- 坐时遵循"三个直角"原则:电脑桌下膝盖处形成第一个直角;大腿和后背是第二个直角;手臂在肘关节形成第三个直角,并维持双脚着地的坐姿。

- 保持颈部直立,使头部获得支撑。
- 两肩自然下垂,上臂贴近身体。操作键盘或鼠标时,尽量使手腕保持水平,手掌中线与前臂中线应保持直线。

提示:

- 眼睛与显示器保持恰当的距离,并略高于电脑显示器,视线略为向下注视荧光屏的角度,这样可使颈部肌肉得到放松。
- 使用电脑每隔一小时应休息 5~10 分钟,做柔软操或局部按摩,同时养成规律运动的习惯,针对肩颈、上肢进行拉伸及肌力训练,以增加柔软度及肌力。

三、行姿

得体的行姿要求行走动作连贯并且步伐从容稳健。

1. 得体行姿的基本要点

(1)头正:双目平视,收颌,表情自然平和。

(2)肩平:两肩平稳,不要上下前后摇摆。双臂前后自然摆动,前后摆幅在 30°~40°,两手自然弯曲,在摆动中离开双腿不超过一拳的距离。

(3)躯挺:上身挺直,收腹立腰,重心略向前倾。

(4)步位直:两脚尖略开,脚跟先着地,两脚内侧落地。走出的轨迹要为一条直线。

(5)步幅适度:行走中两脚落地的距离大约为一个脚长,即前脚的脚跟距后脚的脚尖约一个脚的长度。不过,不同的性别、身高和着装,在步幅上可以有些差异。

(6)步速平稳:行进的速度应保持均匀,不要忽快忽慢。在正常情况下,步伐应自然舒缓,显得成熟、自信。

警惕不良姿态:行走时要避免八字步、低头驼背、摇晃肩膀、左顾右盼、脚擦地面等不良姿态。

2. 其他行姿

(1)后退步:与人告别时,应当先后退两三步,再转身离去。退步时,脚部轻擦地面,步幅要小,先转身后转头。

(2)引导步:引导步是走在前边给宾客带路时的步态。引导时要尽可能走在宾客左前方,整个身体半转向宾客方向,保持两步的距离,遇到上下楼梯、拐弯、进门时,要伸出左手示意,并提示客人上楼、进门等。

(3)前行转身步:在前行中要拐弯时,要在距离所转方向远侧的一脚落地后,以该脚掌为轴,转过全身,然后迈出另一脚,即向左拐,要右脚在前时转身;向右拐,要左脚在前时转身。

3. 注意事项

(1)女性穿高跟鞋行走时,步幅要小,脚跟先着地,脚步要在一条直线上。

(2)行进时一定要保持踝、膝、髋关节的挺直,保持挺胸、收腹、向上的姿态。

(3)避免用屈膝的方法来保持平衡,那样行姿不但不挺拔,反而因屈膝、撅臀而显得笨拙、不雅。

四、蹲姿

蹲姿是人们在比较特殊的情况下采用的一种暂时性体态。虽然较少采用,但也不容忽略。

1. 蹲姿的基本方式

(1)高低式:比较适用于男士。要点是下蹲时双腿不是并排的,而是左脚在前,右脚在后。左脚完全着地,小腿基本上垂直于地面;右脚脚掌着地,脚跟提起,形成左膝高右膝低的姿态。臀部朝下,靠右腿支撑身体,上身尽量保持直立。男士在采用这种蹲姿时,双腿可稍稍分开,女士则必须并拢两腿。

高低式

交叉式

(2)交叉式:通常适用于女性,造型优雅。要点是下蹲时,右脚在前,左脚在后,右小腿垂直于地面,全脚着地,右腿在上,左腿在下,二者交叉重叠;左膝由后下方伸向右侧,左脚跟抬起,并且脚掌着地;两脚前后靠近,合力支撑身体;上身略向前倾,臀部向下。

(3)半蹲式:多于行进中临时采用。要点是下蹲时身体稍微弯下,但不宜与下肢构成直角或锐角。臀部向下,双膝略为弯曲,其角度根据需要可大可小,但一般应为钝角。身体的重心应放在一条腿上。

(4)半跪式:多用于下蹲时间较长,或为了用力方便之时。要点是下蹲之后,改为一腿单膝着地,臀部坐在脚跟之上,而以脚尖着地;另外一只脚则全部着地,小腿垂直于地面;双膝同时向外,双腿尽力靠拢。

2.注意事项

(1)无论采取哪种蹲姿,都应掌握好身体的重心,避免出现在别人面前滑倒的尴尬局面。

(2)避免双腿敞开,这是最不文雅的动作。

(3)避免面对他人或背对他人蹲下。前者会使他人感到不便;后者显得对人不够尊重。比较合适的是在他人面前侧身而蹲。

(4)下蹲时注意内衣"不可以露,不可以透"。

补充:若用右手捡东西,可以先走到东西的左边,右脚向后退半步后再蹲下来。脊背保持挺直,臀部一定要蹲下来。男士两腿间可留有适当的缝隙,女士则要两腿并拢,穿旗袍或短裙时需更加留意,以免尴尬。弯腰捡拾物品时两腿叉开,臀部向后撅起,是很不雅观的(如右图所示)。

弯腰时不雅观的姿势

五、表情

美国心理学家艾伯特·梅拉比安把人的感情表达总结为一个公式:感情的表达=语言(7%)+音调(38%)+表情(55%)。由此可见表情在交际与沟通中起着重要的作用。一个能够巧妙运用表情的人,必然也是一个善于塑造自我形象的人。

1.目光

(1)视线的位置。在洽谈和磋商等场合,注视的位置应在对方的双眼与额头之间的三角区域内。注视这一区域能给人严肃认真之感,并起到居高临下、压住对方的效果。在交谈过程中,你的目光如果保持落在这个三角部位,就能把握谈话的主动权和控制权。

在一般的社交场合,注视的位置应在对方的双眼与嘴唇之间的三角区域内。注视这一区域能给人平等真诚之感。

注意,一般不要把目光落在对方的双眼至胸之间,因为这个区域一般适用于亲人、恋人、家庭成员等比较亲密的关系。

(2)视线停留的时间。表示友好:向对方表示友好时,应不时地注视对方,注视对方的时间约占全部相处时间的1/3。

表示重视:向对方表示关注,应常常把目光投向对方。注视对方的时间约占相处时间的2/3。

表示感兴趣:目光始终盯在对方身上,偶尔离开一下,注视对方的时间占全部相处时间的2/3以上。但有时此种注视也可能被视为对对方有敌意或有寻衅。

表示轻视:目光经常游离对方,注视对方的时间不到全部相处时间的1/3。

2. 微笑

不要小看了微笑的作用。这种温馨、亲切的表情不仅能有效地缩短双方的距离,给对方留下美好的印象,从而形成融洽的交往氛围,而且还可以反映你良好的修养和待人的真诚。不过要注意微笑要发自内心,不要假装,以免令人厌恶。

六、握手

标准的握手姿势应该是大方地伸出右手,手掌和手指微微用力握住对方的手掌。行握手礼时应注意以下几点:

- 上下级之间握手时,上级伸手后,下级才能伸手相握。
- 长辈与晚辈之间握手时,长辈伸出手后,晚辈才能伸手相握。
- 男女之间握手时,女士伸出手后,男士才能伸手相握。
- 握手的双方应保持平等的姿势,或都站着,或都坐着。如果你坐在座位上时,有人走来和你握手,你必须站起来。
- 握手的时间通常是3~5秒钟。匆匆握一下就松手,是在敷衍;长时间地握着不放,又会让人尴尬。
- 别人伸手同你握手,而你不伸手,是一种不友好的行为。
- 握手时应该伸出右手,绝不能伸出左手。
- 握手时不可以把另一只手放在口袋里。

七、手势

在接待客户、洽谈业务的过程中,人们有时会用到手势,下面来了解一些关于手势方面的礼仪常识。

1. 标准手势要求

手掌自然伸直,掌心向上,手指并拢,拇指稍稍分开,手腕伸直,使手与小臂成一直线,肘关节自然弯曲,大小臂的弯曲角度以140°为宜。在出手时,要讲究动作的柔美、流畅,做到欲左先右,避免僵硬死板、缺乏韵味。同时配合眼神、表情和其他姿态,使整体动作更显协调大方。

2. 常用手势

(1)横摆式:在表示"请进"、"请"时常用。做法是:五指并拢,手掌自然伸直,手心向上,肘微弯曲,腕低于肘。手应从腹部之前抬起,以肘为中轴向一旁摆出,到腰部并与身体正面成45°时停止。头部和上身微向伸出手的一侧倾斜。另一只手下垂或背在背后,目视宾客,面带微笑,表现出对宾客的尊重、欢迎。

(2)前摆式:如果在右手拿着东西或扶着门的情况下,需要向宾客做出右"请"的手势时,可以用前摆式。做法是:五指并拢,手掌伸直,从身体一侧由下而上抬起,以肩关节为轴,到腰的高度再由身前向右方摆去,摆到距离身体15cm左右,并不超过躯干的位置时停止。目视来宾,面带微笑,也可双手前摆。

(3)双臂横摆式:当来宾较多时,用手势表示"请"时可以动作大一些,采用双臂横摆式。做法是:两臂从身体两侧向前上方抬起,两肘微曲,向两侧摆出。指向前进方向一侧的手臂应抬高一些,伸直一些,另一手稍低一些。也可以双臂向一个方向摆出。

(4)斜摆式:请客人落座时,手势应摆向座位的地方。做法是:手要先从身体的一侧抬起,到高于腰部后,再向下摆,使大小臂成一斜线。

(5)直臂式:需要给宾客指方向时,用直臂式。做法是:手指并拢,掌伸直,屈肘从身前抬起,向指引的方向摆去,摆到肩的高度时停止,肘关节基本伸直。注意指引方向时,不可用一个手指指点,这样显得不礼貌。

八、避免不雅的举动

为了保持良好的仪态,我们一定要注意在日常生活和工作中克服一些不良习惯,如:随便吐痰、随手扔垃圾、当众嚼口香糖、挖鼻孔、掏耳朵、挠头皮、抖腿、打哈欠等。

周恩来在南开中学读书时,在大立镜旁糊了面"纸镜",上书"面必净、发必理、衣必整、纽必结;头容正、胸容宽、背容直;气象勿傲、勿暴、勿怠;颜色宜和、宜静、宜庄"。铭如其人,周恩来一生都是这样严格要求自己的。他一直保持着端庄整洁、朴素大方的仪表,充分体现了他朴实、伟大的人格,为后人所敬仰,甚至连美国国务卿基辛格也被周恩来总理的风采所折服。他在《白宫岁月》中写道:

"周恩来神采飞扬,双目炯炯,既有勃勃英气,亦有安详举止。"衣冠整洁、仪表大方,是对人有礼貌的表现,也是中华民族的优良传统。作为IT行业中一员,你要时刻谨记,你的形象不仅代表着你个人,也代表着你所在的工作单位,更代表着整个IT行业的积极进取精神。

第三章　学会IT职场中的沟通与交流(上)

作为一名IT职场人员,在工作中要时常与别人进行沟通与交流,例如会面、接待、送别、洽谈等等,这些沟通与交流也要遵循一定的礼节规范。掌握了解并运用好这些礼节规范,无疑会对工作的顺利开展起到很好的促进作用。

第一节　如何相互介绍

一、正式介绍

在介绍过程中,先提某人的名字是对此人的一种敬意。所以,一般在较为正式、庄重的场合,介绍时应遵循以下次序:一是把年轻的人介绍给年长的人;二是把男性介绍给女性。

比如,要介绍张先生认识李小姐,就可以这样说:"李小姐,让我介绍张先生给你认识好吗?"然后给双方作介绍:"这位是李小姐,这位是张先生。"但有时也要本着灵活的原则,例如介绍一位年轻女性认识一位德高望重的长辈时,则不论性别,均应先提这位长辈,可以这样说:"王老师,我很荣幸能介绍李女士来见您。"

在介绍时,最好是姓、名并提,还可附加简短的说明,比如职称、职务、学位、爱好和特长等等。这种介绍方式等于给双方提供了交谈的话题。如果介绍人能找出被介绍双方的某些共同点就更好了。如甲和乙的弟弟是同学、甲和乙是相距多少届的校友等等,这样无疑会使初识的交谈更加顺利。

二、非正式介绍

如果是在非正式的场合中介绍双方认识,则不必过于拘泥礼节,假若大家都是年轻人,就更应以自然、轻松、愉快为宗旨。作为介绍人可以先说一句:"我来介绍一下。"然后作简单的介绍,也不必过于讲究先介绍谁、后介绍谁的规则。最简单的方式莫过于直接报出被介绍者各自的姓名。也不妨加上"这位是"、"这就是"之类的话以加强语气,使被介绍人感到亲切和自然。在把一个人向众人作介绍时,说句"诸位,这位是某某"就可以了。

注意:即使在非正式的场合,也不应在作介绍时过于随便,如:"×××,过来见见×××。"或者:"×××,过来和×××握握手。"这让人听起来觉得缺乏友善和礼貌。如果你不知道某人的名字,最好是先找个第三者问一问,不要莽撞地问人家:"你叫什么名字?"如果万不得已,就应说得婉转一点:"对不起,不知该怎么称呼您?"

三、自我介绍

有时IT职场人员为了工作,需要结识某人。在没有人介绍的情况下,你也可以直截了当地自我介绍:"我叫某某,我们曾在某地见过一面。"或者是:"你是某某吧,我是某某,某电脑公司的销售人员。"如果能找出你和对方的某种联系作为介绍时的简注,固然是再好不过了,但即使是素昧平生也没什么关系,只要你彬彬有礼,对方自然也会以礼相待。

四、被介绍人的表现

当介绍人作了介绍以后,被介绍的双方就应互相问候:"你好!"如果在"你好"之后再重复一遍对方的姓名或称谓,则更显亲切而礼貌。对于长者或有名望的人,重复对其带有敬意的称谓会使对方感到愉快。

第二节 如何接待与拜访

工作中良好的接待礼仪,是给人留下良好的印象的最重要一步。IT职场中的接待可以分为当面接待和电话接待两种。

一、当面接待

接待前来访问、洽谈业务及参加会议的来宾时,之前要有周密的布署。应该注意以下事项:

1. 问清对方抵达信息

应首先问清对方到达的车次、航班,前去迎接的人员要与客人身份、职务相当。若因某种原因,相应身份的主人不能前往,前去迎接的人应向客人作出礼貌的解释。

2. 准时迎接

主人应提前到达车站、机场,恭候客人的到来,绝不能迟到,让客人久等。客人看到有人来迎接,必定感到非常高兴;若迎接来迟,必定会留下阴影。事后无论怎样弥补,都无法消除这种失职和不守信誉的印象。

3. 表达问候

接到客人后,应首先问候"一路辛苦了"、"欢迎您来到我们公司"等等。然后向对方作自我介绍,如果有名片,可送予对方。

注意送名片的礼仪:

- 当你与长者、尊者交换名片时,双手递上,身体可微微前倾,说一句:"请多关照。"
- 当你想得到对方名片时,可以用征询的口吻说:"如果您方便的话,能否留张名片给我?"
- 双手接过名片后,应仔细地看一遍,千万不要看也不看就放入口袋,也不要顺手往桌上扔。

4. 备好交通工具

应提前为客人准备好交通工具,不要等到客人到了才匆匆忙忙准备交通工具,那样会因让客人久等而使客人不快。接待人员在陪同客人乘车时要注意:

- 让客人先上,自己后上。
- 要主动打开车门,并以手示意,待客人坐稳后再关门。一般车的右门为上、为先、为尊,所以应先开右门,关门时切忌用力过猛。
- 在乘车的座位上很讲究,国际惯例一般是右为上,左为下。陪同客人时,要坐在客人的左边。

5. 备好客房

应提前为客人安排好住宿,帮客人办理好一切手续,并将客人领进房间,同时向客人介绍住处的服务、设施,将活动的计划、日程安排交给客人。将客人送到住地后,不要立即离去,应陪客人稍作停留,热情交谈,谈话内容要让客人感到愉快,比如客人参与活动的背景材料、当地风土人情、自然景观、特产等。考虑到客人一路旅途劳累,接待者不宜久留,让客人早些休息。告别时将下次联系的时间、地点、方式等告诉客人。

6. 办公室接待

客人来访,无论是调研还是洽谈业务,一般都是在办公室进行。在办公室里接待客人,有如下规则:

(1) 保持整洁的办公室环境。办公室平时应保持环境幽雅、整洁。如有客人来访,则应做得更好。提前把办公室打扫得干净利落、窗明几净、整齐有序,保持空气清新,冬季要温暖,夏季要凉爽,茶水早备好,根据需要还可备些水果。

如果来客较多,或客人规格较高,来访的目的又比较严肃,也可以在专门的会议室(会客室)接待。会议室(会客室)的布置同办公室。

(2)准备好有关材料。客人来访前除了精心布置接待场合(办公室或会议室、会客室)外,还有材料的准备。

客人来访的目的,是参观本单位某某部门,还是了解、考察某项工作;是商洽某方面的业务,还是研究合作事宜,作为接待者务必心中有数。一般情况下对方会提前告知,接待方应根据双方商定的会谈事宜,或客人的请求,事先准备好相关资料,避免出现客人来后现找现查,或无法提供的被动局面。

(3)礼貌接待。如果你是负责接待的工作人员,那么应衣着整洁,仪态大方,彬彬有礼。

在引导客人去办公室的路途中,要走在客人左前方数步远的位置,忌把背影留给客人。在陪同客人的这段时间内,不要只顾闷头走路,可以随机讲一些得体的话或介绍一下本单位的大概情况。

在进办公室之前,要先轻轻叩门,得到允许后方可进入,切不可贸然闯入。叩门时应用手指关节轻叩,不可用力拍打。

进入房间后,应先点头致意,再介绍客人。介绍时要注意措词,应用手示意,但不可用手指指着对方。介绍的顺序一般是把身份低、年纪轻的介绍给身份高、年纪大的;把男同志介绍给女同志;如果有好几位客人同时来访,就要按照职务的高低,按顺序介绍。

介绍完毕走出房间时应自然、大方,保持较好的行姿,出门后回身轻轻把门带上。

在与客人会谈过程中,无关人员应自动退避。如果你是负责礼仪、服务的人员,则应定时敲门而进,倒茶续水,取换毛巾,热情服务,但不应影响主客双方会谈,要保持现场的安静。服务完毕应轻轻退出。

7.送客

若客人办事已毕将要离开,一定要送别,相关人员也要随之送行。

客人若自备车辆,接待方可早些通知司机(或由客人方工作人员自行通知);若客人需由本单位送回,接待方需要早做车辆安排,勿使客人久等。

可视情况,将客人送至办公室门口或单位大门口。

送别时礼节上应说"欢迎再来"、"欢迎常联系"、"接待不周,请多原谅"等。

二、电话接待

作为一名 IT 职场人员，在日常的工作中，不可避免地要经常接听电话，因此必须要掌握电话接待的相关礼仪和技巧。

1. 电话接待的要求

（1）首先自报家门，然后询问对方身份及来电意图。

（2）要认真理解对方意图，并对对方的谈话作必要的重复和附和，以示对对方的积极反馈。

（3）应备有电话记录本，并随时做电话记录。

（4）电话内容讲完，应等对方结束谈话，再以"再见"为结束语。待对方放下话筒之后，再轻轻放下，以示对对方的尊敬。

（5）注意说话方式。做到发音正确、音量适中、应对简洁。尽量长话短说，如需花时间解说，应先询问对方是否方便。

（6）如果你在接听过程中不得不中止谈话而查阅一些资料，应当动作迅速。可以有礼貌地询问对方说："您是稍候片刻，还是过一会儿我再给您打过去？"在对方等候时，你可以按下等候键；如果你的电话没有等候键，就把话筒轻轻地放在桌子上。如果查阅资料的时间超过你所预料的时间，你可以每隔一会儿拿起电话向对方说明你的进展。如："先生，我已经快替您找完了，请您再稍候片刻。"当你查找完毕，重新拿起电话时，可以说："对不起，让您久等了。"以引起对方的注意。

如果有人在你正在通话时打进电话，你可以选择合适的词语让和你通话的人稍候，然后拿起另一部电话说："您能否稍等？我正在接听一个电话。"如果打来电话的人只是有一些小事，便可以当即回答，然后迅即转向第一个电话。

2. 电话接待的技巧

（1）尽早拿起话筒。最好不要让电话铃响超过三声。万一超过，应该先说一声："抱歉，让您久等了！"

（2）确认对方身份。最好复述一遍："您是 XX 公司的 XXX，是吗？"左手持听筒，右手随时笔记，听不清楚时要请对方再说一次。

（3）打招呼。确认对方身份后，可以说"你好"，向客人致意。

（4）传达。对方如指名要求某人听电话，先说声"您稍等一下"，然后立即呼唤被指名的人。

（5）复诵对方交代的内容，确认无误。

（6）结束时先说"再见"，听到对方挂话筒时再挂上话筒。

（7）立即处理客人交代的事项。

(8)对错打电话者的应对。每个人都有可能成为公司的客户,因此确认对方拨错号码时,也不要立刻挂掉,尽量给对方留下好印象。

三、登门拜访

作为一名IT职场人员,当你登门拜访客户时,也要遵循一定的礼仪规范。

1. 守时守约

这是拜访礼仪中最基本的要求,没有什么比爽约与迟到更糟糕的了。

2. 讲究敲门的艺术

要用食指敲门,力度适中,间隔有序敲三下,等待回音。如无应声,可再稍加力度,再敲三下;如有应声,则侧身立于右门框一侧,待门开时再向前迈半步,与主人相对。

3. 讲究入座的时机

主人不请你坐时不能随便坐下。如果主人是年长者或上级,主人不坐,自己不能先坐。主人让座之后,要口称"谢谢",然后采用标准的礼仪坐姿坐下。

4. 讲究谈话的时间

谈话时间不宜过长。起身告辞时,要向主人表示歉意,如:"打扰您了!"出门后,回身主动伸手与主人握别,并说:"请留步。"待主人停下后,走几步,再回首挥手致意:"再见!"

四、几种常用车型车内的座次安排

1. 小轿车

(1)小轿车的座位,如有专职司机驾驶时,以后排右侧为首位,左侧次之,中间座位再次之,前坐右侧殿后。

(2)如果由主人亲自驾驶,以驾驶座右侧为首位,后排右侧次之,左侧再次之,而后排中座为末席。

(3)主人亲自驾车,乘客只有一人时,应坐在主人旁边。若同坐多人,坐前座的客人中途下车后,在后面坐的客人应改坐前座,此项礼节最易疏忽。

特别注意的是,根据常识,轿车的前排,特别是副驾驶座,是车上最不安全的座位。因此不宜让妇女或儿童就座该座位。而在公务活动中,副驾驶座,特别是双排五座轿车上的副驾驶座,则被称为"随员座",专供秘书、翻译、警卫、陪同等随从人员就座。

2. 吉普车

吉普车无论是由主人驾驶还是由司机驾驶,都应以前排右座为尊,后排右侧次之,后排左侧为末席。上车时,后排位低者先上车,前排尊者后上;下车时前排客人先下,后排客人再下车。

3. 旅行车

在接待团体客人时,多采用旅行车接送客人。旅行车以司机座后第一排即前排为尊,后排次之。其座位的尊卑,依每排右侧往左侧递减。

第三节 如何交谈

洽谈业务、同行交流、产品介绍等等都离不开交谈,那么如何在交谈中做到彬彬有礼、礼貌周到呢?

一、正确使用敬语、谦语、雅语

1. 敬语

敬语,亦称"敬辞",它与"谦语"相对,是表示尊敬礼貌的词语。除了显得礼貌外,多使用敬语,还可体现一个人的文化修养。

(1)敬语的运用场合。第一,比较正规的社交场合;第二,与师长或身份、地位较自己高的人交谈;第三,与人初次打交道或会见不太熟悉的人;第四,会议、谈判等公务场合。

(2)常用敬语。常用的有"请"、"您",代词有"阁下"、"贵方"等。另外还有一些常用的词语,如初次见面称"久仰",很久不见称"久违",请人批评称"请指教",请人原谅称"包涵",麻烦别人称"打扰",托人办事称"拜托",赞人见解称"高见"等等。

2. 谦语

谦语亦称"谦辞",它与"敬语"相对,是向人表示谦恭和自谦的一种词语。谦语最常用于在别人面前称呼自己和自己的亲属的场合。例如,称自己为"愚",称自己的亲属为"家严、家慈、家兄"等。自谦和敬人,是一个不可分割的统一体,可以表现出你的谦虚和恳切,从而赢得别人的尊重。

3. 雅语

雅语是指一些比较文雅的词语,常常用在一些正规的场合中,替代那些比较随便、甚至粗俗的话语。雅语的使用能反映出一个人的文化素养以及个人素质。例如,招待客人时,说:"请用茶。"或者说:"请用一些茶点。"雅语的使用不是机械的、固定的。只要你的言谈举止彬彬有礼,人们就会对你的个人修养留下较深的印象。

二、恰当掌握交谈中的应对规则

1. 适当地保持空间距离

从礼仪上说,说话时与对方离得过远,会使对方误认为你不愿向他表示友好和亲近;然而如果离人过近,稍有不慎就会把口沫溅在别人脸上,这也是令人讨厌的。有些人,因为有凑近和别人交谈的习惯,又知别人怕被自己的口沫溅到,于是知趣地用手掩住自己的口。这样做形同"交头接耳",不仅样子难看,也不够大方。

因此,从礼仪角度来讲,一般交谈时保持一两个人的距离最为适合。这样做,既让对方感到亲切,同时又保持一定的"社交距离",在常人的主观感受上,也是最让人舒服的。

2. 恰当地称呼他人

工作交谈中,恰当地称呼他人非常重要。有时称呼不当甚至会造成很严重的后果。但是如何才能恰当地称呼他人呢?

IT职场人员可以根据国际通用惯例,以"某某先生"、"某某女士"来称呼。还有,为示尊重,在交谈中,对有头衔的人可以称呼他的头衔;对于知识界人士,可以直接称呼其职称。但要说明的是,除了博士外,其他学位一般不能作为称谓。

注意,即使双方关系亲密,在正式场合对对方直呼其名也是不得体和失礼的行为。

3. 注意交谈的禁忌

IT职场中的交谈一般以工作为主,也可以选择一些大家共同感兴趣的话题,但是,有些是不该触及的话题,比如对方的年龄、收入、个人物品的价值、婚姻状况、宗教信仰等。打听这些是不礼貌和缺乏教养的表现。交谈中还应注意以下禁忌:

(1)忌打断对方。双方交谈时,上级可以打断下级,长辈可以打断晚辈,平等身份的人是没有权力打断对方谈话的。如果你与对方同时开口说话,你应该请对方先说。

(2)忌补充对方。有些人好为人师,总想显得自己知道得比对方多,比对方技高一筹。出现这一问题,实际上是没有摆正位置,因为人们站在不同角度,对同一问题的看法会产生很大的差异。当然,如果谈话双方身份平等,彼此熟悉,有时候适当补充对方的谈话也并无大碍,但是在谈判桌上尽量不要这样做,除非必要时。

(3)忌纠正对方。"十里不同风,百里不同俗"。不同国家、不同地区、不同文化背景的人考虑同一问题,得出的结论未必一致。例如:在中国,点头表示同意,摇头表示反对;但在有些国家,如马其顿、保加利亚、尼泊尔,则正好相反。一个真正有教养的人,是懂得尊重别人的人,除了大是大非的问题必须旗帜鲜明地回答外,一般不随便与对方论争是或不是,因为对或错是相对的,有些问题很难说清谁对谁错。

(4)忌质疑对方。对别人说的话不随便表示怀疑。人际交往中,质疑对方,实际是对其尊严的挑衅,是一种不理智的行为,稍不注意就给自己带来麻烦。如果确有疑问,应采用较为委婉的方式进行商榷。

第四节 如何赴宴

不要小看了用餐这件事,在正式的宴会场合也要讲究相应的礼仪规范,否则就会贻笑大方。

一、关于中餐礼仪

1. 座次

总的来讲,中餐座次是"尚左尊东"、"面朝大门为尊"。

若是圆桌,则正对大门的为主客,主客左右手边的位置,以越靠近主客位置为越尊,相同距离则左侧尊于右侧。

若为八仙桌,如果有正对大门的座位,则正对大门一侧的右位为主客;如果不正对大门,则面东的一侧右席为首席。

如果为大宴,桌与桌之间的排列讲究首席居前居中,首席的左边依次2、4、6席,右边依次为3、5、7席,根据主客身份、地位、亲疏分坐。

如果你是主人,则应该提前到达,然后在靠门位置等待,并为来宾引座;如果你是被邀请者,那么就应该听从东道主安排入座。一般来说,如果你的领导出席的话,你应该将领导引至主座,然后请最高级别的来宾坐在主座左侧位置。

2. 点菜

如果你负责安排公务宴请,若时间允许,应该等大多数客人到齐之后,再将菜单供客人传阅,并请他们来点菜。

如果你是赴宴者,则不该在点菜时太过主动,而是要让主人来点菜。如果对方盛情要求,你可以点一个不太贵、又不是大家忌口的菜。

有一点需要注意的是,点菜时不应该问服务员菜肴的价格,或是讨价还价,这样会显得小气,而且客户也会觉得不自在。

3.吃菜

注意文明用餐：客人入席后，不要立即动手取食，而应待主人举杯示意开席后，才能开始；客人不能抢在主人前面捡菜。

遵循劝菜不布菜的原则，应等菜肴转到自己面前时，再动筷子，不要抢在邻座前面、不能狼吞虎咽、不要只盯住自己喜欢的菜吃、不要发出不必要的声音等。

中餐宴席进餐伊始，服务员送上的第一道湿毛巾是擦手的，不要用它去擦脸。

上龙虾、鸡、水果时，服务员会送上一只小水盂，上面漂着柠檬片或玫瑰花瓣，它不是饮料，而是洗手用的。洗手时，可两手轮流沾湿指头，轻轻刷洗，然后用小毛巾擦干。

用餐结束后，可以用餐巾、餐巾纸或服务员送来的小毛巾擦嘴，但不宜擦头颈或胸脯；餐后不要不加控制地打饱嗝或嗳气；在主人还没示意结束时，客人不能先离席。

4.喝酒

宴会喝酒也有很多学问讲究，以下总结了一些宴会喝酒时要注意的规则：

(1)主人敬主宾。

(2)陪客敬主宾。

(3)主宾回敬。

(4)陪客互敬。

注意：作为客人绝不能喧宾夺主乱敬酒，那样很不礼貌，也是很不尊重主人的。

5.倒茶(这里所说的"倒茶"既适用于商务餐桌，也适用于客户来公司拜访接待)

(1)茶具要清洁。客人进屋后，先让坐，后备茶。冲茶之前，一定要把茶具洗干净。在冲茶、倒茶之前最好用开水烫一下茶壶、茶杯。这样既讲究卫生，又显得彬彬有礼。现在一般都是使用一次性杯子，在倒茶前要注意给一次性杯子套上杯托，以免水热烫手，让客人一时无法端杯喝茶。

(2)茶水要适量。茶叶不宜过多，也不宜太少。茶叶过多，茶味过浓；茶叶太少，冲出的茶没味道。假如客人主动介绍自己喝茶的习惯，那就按照客人的要求把茶冲好。倒茶时，无论是大杯小杯，都不宜倒得太满，太满了容易溢出，太少则显得不够诚心实意。

(3)端茶要得法。一般要用双手给客人端茶。

(4)添茶。如果上司和客户的杯子里需要添茶，你可以示意服务生来添茶，或让服务生把茶壶留在餐桌上由你亲自来添。添茶的时候要先给上司和客户添茶，最后再给自己添。

6.离席

一般宴会的时间很长，大都在两小时以上。如果中途需要离开，就要了解一些中途离席的礼仪。

常见一场宴会进行得正热烈的时候,因为有人先离开,而引起众人一哄而散的场景。欲避免这种煞风景的后果,当你要中途离开时,千万别和每一个人一一告别,只要悄悄地和身边的两三个人打个招呼,然后离去便可。

中途离开宴会现场,一定要向邀请你来的主人说明、致歉,不可不告而别。和主人打过招呼后,应该马上就走,不要拉着主人聊个没完。

附:中餐点菜指导——三优四忌

一顿标准的中式大餐,通常先上冷盘,接下来是热炒,随后是主菜,然后上点心和汤。如果感觉吃得有点腻,可以点一些餐后甜品,最后上果盘。在点菜中要顾及到各个程序的菜式。在点菜时,以下菜肴优先考虑。

- 有中餐特色的菜肴。宴请外宾的时候,这一条更要重视。像炸春卷、煮元宵、蒸饺子、狮子头、宫保鸡丁等,虽然并不是佳肴美味,但因为具有鲜明的中国特色,所以受到很多外国人的推崇。
- 有本地特色的菜肴。比如西安的羊肉泡馍、湖南的毛家红烧肉、上海的红烧狮子头、北京的涮羊肉等。宴请外地客人时,点一些本地的特色菜,恐怕要比千篇一律的生猛海鲜更受好评。
- 本餐馆的特色菜。很多餐馆都有自己的特色菜。点一份本餐馆的特色菜,能说明主人的细心和对被请者的尊重。

在安排菜单时,还必须考虑来宾的饮食禁忌,特别是要对主宾的饮食禁忌高度重视。这些饮食方面的禁忌主要有四条:

- 宗教的饮食禁忌。例如,穆斯林不吃猪肉,并且不喝酒。国内的佛教徒不吃荤腥食品,不仅仅是肉食,还包括葱、蒜、韭菜、芥末等气味刺鼻的食物。
- 出于健康的原因,对于某些食品,也有所禁忌。比如,患有心脏病、脑血管、脉硬化、高血压和中风后遗症的人,不适合吃狗肉;肝炎病人忌吃羊肉和甲鱼;患有胃肠炎、胃溃疡等消化系统疾病的人不适合吃甲鱼;高血压、高胆固醇患者,要少喝鸡汤等。
- 不同地区,人们的饮食偏好往往不同。对于这一点,在安排菜单时要兼顾。比如,湖南省份的人普遍喜欢吃辛辣食物,少吃甜食;英美国家的人通常不吃宠物、稀有动物、动物内脏、动物的头部和脚爪。另外,宴请外宾时,尽量少点生硬需啃食的菜肴。
- 有些职业,出于某种原因,在餐饮方面也有特殊禁忌。例如:驾驶员工作期间不得喝酒。

二、关于西餐礼仪

IT行业是个国际性的高科技行业,经常会接触到外国客户,所以,除以上的宴会礼仪外,我们还需要掌握一些简单的西餐礼仪。

1. 排位方法

西餐的位置排列与中餐有相当大的区别,中餐多使用圆桌,而西餐一般都使用长桌。如果男女二人同去餐厅,男士应请女士坐在自己的右边,还得注意不可让她坐在过道边。若只有一个靠墙的位置,应请女士就座,男士坐在她的对面。如果是两对夫妻就餐,夫人们应坐在靠墙的位置上,先生们则坐在各自夫人的对面。如果两位男士陪同一位女士进餐,女士应坐在两位男士的中间。如果两位同性进餐,那么靠墙的位置应让给其中的年长者。每个人入座或离座,均应从坐椅的左侧进出。

举行正式宴会时,坐席按国际惯例排列:桌次的高低依距离主桌位置的远近排列,且右高左低,桌次多时应摆上桌次牌。同一桌上席位的高低也是依距离主人座位的远近而定。西方习俗是男女交叉安排座位,即使夫妻也是如此。

2. 餐巾的使用

在正式宴会上,餐巾暗示着宴会的开始和结束。西餐宴会上女主人是第一顺序,女主人不坐,别人是不能坐的。女主人把餐巾铺在腿上,就说明大家可以开始用餐了;反之,女主人把餐巾放在桌子上,就是宴会结束的标志。

用餐前应先将餐巾打开铺在膝上,往内折三分之一,让三分之二平铺在腿上,盖住膝盖以上的双腿部分。不要把餐巾塞入领口。餐后将餐巾叠好放在盘子右边,不可放在椅子上;亦不可叠得方方正正,这样可能被人误认为未用过。

进餐途中有事需要暂时离开时,应将餐巾放在你坐椅的椅面上,它的含意是就座者只是短暂离开,不是结束用餐。

餐巾可以用来擦嘴,但是不能用来擦刀叉,也不能用来擦汗。

3. 用餐要文雅

- 吃东西要闭着嘴咀嚼,喝汤时不要啜,不要发出声音。如汤菜太热,可稍待凉后再吃,切勿用嘴吹。
- 嘴内的鱼刺、骨头不要直接吐出来,应用餐巾掩嘴,用手取出,或轻吐在叉上,放在菜盘内。
- 吃东西时应是食物就口,不是口去就食物。
- 两肘不可伸得很开。
- 嘴内有食物时切勿说话。
- 剔牙时,用手或餐巾遮口,不要边走边剔牙。吃剩的菜、用过的餐具、牙签,都应放在盘内,勿放在桌上。

4. 手提包的位置

在欧美国家,女士入座后,通常会把手提包放在脚边的地板上。把手提包放置桌上对他们来说,是很失礼的行为。因此,除了晚装的小手包,其他手提包不能放在餐桌上。如果不习惯把手提包放在地板上,你可以把手提包放在背后和椅子之间或大腿上(餐巾下)。若是邻座没有人,也可以放置在椅子上,或挂在皮包架上。

5.上菜的次序

西餐在上菜的次序安排上与中餐有很大不同。以下是西餐上菜的顺序:

(1)头盘。也称为"开胃品",一般有冷盘和热盘之分,常见的品种有鱼子酱、鹅肝酱、熏鲑鱼等。

(2)汤。大致可分为清汤、奶油汤、蔬菜汤和冷汤4类。品种有牛尾清汤、各式奶油汤、海鲜汤等。

(3)副菜。通常水产类菜肴与蛋类、面包类均称为"副菜"。

(4)主菜。肉、禽类菜肴是主菜。其中最有代表性的菜肴是牛肉或牛排。

(5)蔬菜类菜肴。可以安排在肉类菜肴之后,也可以与肉类菜肴同时上桌,蔬菜类菜肴在西餐中称为"沙拉"。

(6)甜品。西餐的甜品是主菜后食用的,可以算作是第六道菜。从真正意义上讲,它包括所有主菜后的食物,如布丁、冰淇淋、奶酪、水果等等。

(7)咖啡。饮咖啡一般要加糖和淡奶油。

用餐时没有必要全部都点,点太多却吃不完反而失礼。前菜、主菜(鱼或肉之一)加甜点是最恰当的组合。点菜并不是由前菜开始点,而是先选一种最想吃的主菜,再配上适合主菜的汤。

6.餐具的使用

用刀叉吃东西时,应以左手持叉固定,用刀子切一小口大小,蘸上调味汁送入口中。美式的吃法是先将食物全部切成小块,再换右手拿叉子慢慢吃。但如果吃的是多汁的肉类菜肴,肉汁会流满盘子,并不雅观,因此最好是切一口吃一口。那么如何使用刀叉呢?

(1)进餐时,餐盘在中间,刀子和勺子放置在盘子的右边,叉子放在左边。一般右手写字的人,饮用西餐时,很自然地用右手拿刀或勺,左手拿叉,杯子也用右手来端。

(2)在桌子上摆放刀叉,一般最多不能超过三副。如果是三道以上菜的套餐,必须在摆放的刀叉用完后随着上菜再放置新的刀叉。

(3)刀叉是从外侧向里侧按顺序使用(也就是说事先按使用顺序由外向里依次摆放)。

(4)进餐时,一般都是左右手互相配合,即一刀一叉地使用。但有些例外,喝汤时勺子应放在右边——用右手持勺;食用生牡蛎一般也是用右手拿牡蛎叉食用。

(5)刀叉有不同规格,按照用途不同,其尺寸的大小也有区别。吃肉时,不管是否要用刀切,都要使用大号的刀;吃沙拉、甜食或一些开胃小菜时,要用中号刀。一般叉或勺随刀的大小而变。喝汤时要用大号勺,而喝咖啡和吃冰激凌时则宜用小号。

(6)忌用自己的餐具为他人布菜。

(7)不能用叉子扎着食物进口,而应把食物铲起入口。现在这个规则已经不是那么严格。英国人左手拿叉,叉尖朝下,把肉块扎起来,送入口中;如果是烧烂的蔬菜,就用餐刀把菜拨到餐叉上,送入口中。美国人用同样的方法切肉,然后右手放下餐刀,换用餐叉,叉尖朝上,插到肉的下面,而不用餐刀,把肉铲起来,送入口中,吃烧烂的蔬菜也是如此。

(8)如食用某道菜不需要用刀,也可用右手握叉。例如意大利人在吃面条时,只使用一把叉,不需要其他餐具,那么用右手握叉倒是简易方便的。如果没有大块的肉要切的话,例如素食盘,只是不用切的蔬菜和副食,那么按理也可用右手握叉进餐。

(9)为了安全起见,手里拿着刀叉时切勿指手画脚。发言或交谈时,应将刀叉放在盘上才合乎礼仪。这也是对旁边人的一种尊重。

(10)叉子和勺子可入口,但不管刀子上面是否有食物,它不能放入口中。除了礼节上的要求,刀子入口也是危险的。

7. 刀叉的摆放

在西餐时,刀叉的摆放也是有含义的,用餐者的用餐意愿均可通过刀叉的摆放来传达:

(1)尚未用完餐:盘子没空时,如你还想继续用餐,可把刀叉分开放,大致呈三角形。

(2)已经用完餐:可以将刀叉平行放在餐盘的同一侧。

(3)需要添加饭菜:盘子已空,但用餐者还想用餐时,把刀叉分开放,大致呈八字形。

附：各类食物的吃法

汤的吃法

一般使用的餐具是汤盘或汤碗。汤碗分带把和不带把两种。饮用汤要使用汤勺。握汤勺的方法同握笔近似，不能太紧，也不能太松。握的位置要适当，握柄的中上部最为理想，这样会让你看上去优雅自然。进汤时，身体要保持端正，头部不要太接近汤盘，长头发的女士千万注意不要把头发落到汤盘里，那样既不卫生，也不美观。应用勺子送汤到嘴里，而不是低头去找汤盘。注意不要让汤从嘴里流出来或把汤滴在汤盘外边。在进汤类食物时，避免发出声音，如果汤是滚烫的，可稍等片刻再享用，不可将嘴巴凑近汤盘猛吹。即使汤盘里只有少许汤底，也不可举盘把汤底倒入口中。可将汤盘向外倾斜，以便将最后的几滴用勺子舀起。如果是汤碗的话，最后的几滴可倒入口中。

沙拉的吃法

用沙拉作为头盘是比较理想的选择，它既爽口又开胃，正统西餐的沙拉汁一般偏酸，因为西方人不习惯在餐前吃带甜味的沙拉。沙拉的进餐用具如下：盛沙拉一般用沙拉盘，平盘深盘都可以，一般讲究的餐厅要摆上刀和叉，即使有些人习惯只是用叉而不用刀。作为同主食一起上菜时的沙拉，把沙拉盘放在主菜盘的左侧，这时一般只放一把叉子。在进餐过程中遇见大叶的蔬菜的时候，要先用刀子和叉子把它折起来，然后再用叉子送入口中。

鱼的吃法

鱼肉嫩而易碎，因此餐厅常不备餐刀而备专用的汤匙。这种汤匙比一般喝汤用的稍大而且较平，不但可切分菜肴，还能将菜和调味汁一起舀起来吃。但若要吃其他混合的青菜类食物，还是使用叉子为好。对于鱼骨头，首先用刀在鱼鳃附近刺一条直线，刀尖不要刺透，刺入一半即可。将鱼的上半身挑开后，从头开始，将刀放在骨下方，往鱼尾方向划开。把骨剔掉并挪到盘子的一角。最后再把鱼尾切掉。

如果吃进了小骨头，用拇指和食指捏出，爱吃鱼的人会连小鱼头吃掉，而在西方风俗中，吃到鱼的脸颊骨是很幸运的事。

肉类的吃法

吃肉类时应注意以下几点：

（1）从左边开始切。用餐时，用叉子从左侧将肉叉住，再用刀沿着叉子的右侧将肉切开。如无法一口吃下切下的肉，可直接用刀子再切小一些，然后直接用叉子把肉送入口中。

(2)用刀压住肉时的力度要适中。为了轻松地将肉切开,首先就要松肩膀,并用叉子把肉叉住;再以刀轻轻慢慢地前后移动。用力点是在将刀伸出去的时候,而不是将刀拉回时。

(3)将取得的调味酱放在盘子内侧。点餐时,会附带一杯调味酱。在正式的场合,应是自行取用调味酱,而不必麻烦服务生服务。首先将调味酱钵拿到盘子旁边,以汤匙取酱料时要注意不要滴到桌巾上。不可以将调味酱直接淋在牛排上,应取适当的量放在盘子的内侧,再将肉切成一口大小蘸酱料吃。调味酱的量约以两汤匙适宜。取完调味酱后,将汤匙放在调味酱钵的侧边,并传给下一个人。

(4)不可一开始就将肉全部切成一块一块,也不要从右侧开始切。

(5)点缀的蔬菜要全部吃完。放在牛排旁边的蔬菜不只是为了装饰,同时也是基于营养均衡的考虑而添加的,所以最好不要剩下。

带骨食物的吃法

鸟类:先把翅膀和腿切下,然后借助刀和叉来吃身体部分。你可以用手拿着翅膀和腿吃,但不能拿身体部分。

鸡肉:先吃鸡的一半。把鸡腿和鸡翅用刀叉从联结处分开,然后用叉稳住鸡腿(鸡脯或鸡翅),用刀把肉切成适当大小的片。每次只切两三片。如果场合很正式,不能使用刀叉取用的,干脆别动。如果是在非正式场合,你可以用手拿取小块骨头,但只能使用一只手。

肉排:用叉子或尖刀插入牛肉、猪肉或羊肉排的中心。如果排骨上有纸袖,你可用手抓住,来切骨头上的肉,而这样就不会使手油腻。在正式场合或者在饭店就餐时即使包有纸袖也不能用手拿着骨头啃着吃。这些多余的东西基本上是用来作装饰的。另外,在非正式场合,只有骨头上没有汤时才可以拿起来啃着吃。

面包的吃法

吃面包时应先用两手撕成小块,再用左手拿着吃。吃硬面包时,用手撕不但费力而且面包屑会掉满地,此时可先用刀把面包切成两半,再用手撕成块来吃。为避免刀像用锯子似的割面包,应先把刀刺入中央部分,往靠近自己身体的部分切下,再将面包转过来切断另一半。切时可将面包固定,避免发出声响。

喝酒

喝酒的顺序一般是:先喝白酒,后喝红酒;先喝年份短的酒,后喝年份久的酒;先喝清淡的酒,后喝浓郁的酒;先喝干酒,后喝甜酒。当然这只是一般规则,并非绝对。有关葡萄酒的餐桌礼仪最早形成于西方,如今已逐渐为国际社会所通用。

开瓶:用小刀将封口割开,除去上端部分,接着将螺旋锥对准中心慢慢地拧入软木塞,然后扣紧瓶口,进而平稳地将把手柄缓缓拉起,将软木塞拉出。

伺酒:开瓶之后不要马上饮用,而是要晾一会儿,酒的香味会更醇。成熟期的红酒只需提前半个小时就足够了,陈年老酒通常结构比较脆弱,换瓶去渣后应尽快饮用。

斟酒:最好用餐巾裹着酒瓶,以免手温使酒升温。以杯容量的1/3为度,让酒香可以在杯口处停留。

品酒:先观色,再摇晃,后闻味,最后当然就是"品"。一般是啜一口酒,在口内停留一会儿。品过酒最好再留点时间回味一下。

饮酒小细节:

(1)当服务员为你倒酒时,不要动手去拿酒杯,而应把酒杯放在桌上由服务员来倒。如果你不想让服务员给你倒酒,那么就用指尖碰一下酒杯的边缘,以示不想要了。

(2)为避免手的温度使酒温升高,正确的握杯姿势是用三只手指轻握杯脚,即用大拇指、中指和食指握住杯脚,小指放在杯子的底固定。

(3)喝酒时绝对不能吸着喝,应该倾斜酒杯,就像是将酒放在舌头上似地喝。你可以轻轻摇动酒杯,让酒与空气接触以增加酒味的醇香,但不要猛烈摇晃杯子。

(4)非敬酒时的一饮而尽,或是边喝酒边透过酒杯看人、拿着酒杯边说话边喝酒、将口红印在酒杯沿上等,都是失礼的行为。

甜点吃法

冰淇淋:吃冰淇淋一般使用小勺。当冰淇淋和蛋糕或馅饼一起吃或作为主餐的一部分时,要使用一把甜点叉和一把甜点勺。

馅饼:吃水果馅饼通常要使用叉子。但如果主人为你提供一把叉子和一把甜点勺的话,那么就用叉子固定馅饼,用勺挖着吃。吃馅饼是要用叉子的,除非馅饼是带冰淇淋的,这种情况下,叉、勺都要被用上。如果吃的是奶油馅饼,最好用叉而不要用手,以防止馅料从另一头漏出。

煮梨:使用勺和叉。用叉竖直把梨固定,用勺把梨挖成方便食用的小块。叉子还可用来旋转煮梨,以便挖食梨肉。如果只有一把勺子,就用手旋转盘子,把梨核留在盘里,用勺把糖汁舀出。

果汁冰糕:如果是作为肉食的配餐食用可以用叉,如果是作为甜点食用,使用勺子。

炖制水果:吃炖制水果要使用勺子,不过你可以用叉子来稳住大块水果。把樱桃、梅干、李脯的核体面地吐到勺里,放在盘边。

第四章　学会IT职场中的沟通与交流(下)

第一节　如何使用信件

IT职场人员在工作中应掌握各种文书的规范格式和写信要求，明确书信中的语言表达和词语运用，这有利于更好地与客户交流感情、传递信息、沟通联络。

一、格式正确

抬头要顶格写尊称，另起一行空两格写问候语，下面一段才是正文，正文写完后，要写上期望或祝福的话语，最后是写信人的落款和时间。如果信写完以后又想补充一些内容，可在信的最后加一个附言，把要补充的内容写上去。

外文书信与中文书信的内容要求是完全一样的，只是格式上有所不同。如果要用外文写信，就要根据该国书信的常规要求进行书写，不要随心所欲。

关于信封的书写。信封上应依次写上收信人的邮政编码、地址、姓名及寄信人的地址、姓名和邮政编码。邮政编码要填写在信封左上方的方格内，收信人的地址要写得详细无误，字迹工整清晰。发给机关、团体或单位的信，要先写地址，再写单位名称。收信人的姓名应写在信封的中间，字体要略大一些。在姓名后留两三个字的空格，再写上"先生"、"女士"等称呼，后加"收"、"启"、"鉴"等字。寄信人地址、姓名要写在信封下方靠右的地方，并尽量写得详细周全一些。最后填写好寄信人的邮政编码。

二、信息全面

一般书信内容要求表达明确、全面，只要收信人能读懂你写的全部内容就算达到了目的。

商务往来和其他经济业务性质的书信，在内容的叙述上就要讲究一些，必须把重要的因素全部包括进去，不得遗漏。例如商业往来方面的业务信函，就要说明商品名称、型号、规格、数量、质量、价格、起运时间、出厂时间、合约签订情况或规定,以及交付款项的时间、地点、方式,运输过程中的保护、保险、到货时间、提取方式,发生意外之后如何赔偿等。并且往来信函要留存,以备出现什么问题时有据可查。

三、内容得体

如果是传达信息、联络感情等方面的书信,感情表露要真诚,遣词造句要适当,书写要工整,不要出现错别字,以免造成收信人的误解和不悦。

信写完以后,一定要检查一下,至少阅读一遍,看看有无遗漏以及错别字等,如果有,就要纠正过来。遗漏之处可以写在附语里。还有一点要特别注意,即在同时写几封信时,要把信封和信纸(内容)弄正确,不要张冠李戴。

四、态度尊重

写信时忌用红笔或铅笔。

私人的书信最好不用打印;如果是公函可以打印,但是末尾的签字必须是亲笔手书。

信不能敞着口发出去。如果是请人代信的话,就要敞着口当面交给代信人,以示信任。如果别人让你代信时,你就要当对方面把信口封好,以示谨慎、认真。

第二节 如何使用 E-mail

一封好的电子邮件可以展示公司的良好形象,因此在 IT 商业来往中,一定要注意电子邮件的礼仪。

一、E-mail 标题

标题可以使接收者了解邮件的主要信息,因此要起到提纲挈领的作用,这样可以让收件人迅速了解邮件内容并判断其重要性。具体应注意以下几个方面:

(1)一定不要空白标题,这是最失礼的。

(2)标题要简短,不宜冗长。

(3)标题要能如实反映文章的内容和重要性,切忌使用含义不清的标题,如"王先生收"。

(4)一封信尽可能只针对一个主题展开内容,不在一封信内谈及多件事情,以便于日后整理。

(5)可适当使用大写字母或特殊字符,如"＊""！"等,来突出标题,引起收件人注意,但应适度,特别是不要随便使用"紧急"之类的字眼。

(6)回复对方邮件时,可以根据回复内容更改标题,不要"RE"一大串。

二、E-mail 的称呼与问候

1. 恰当地称呼收件者

邮件的开头要称呼收件人。这既显得礼貌,也明确提醒某收件人,此邮件是面向他的,要求他给出必要的回应;在有多个收件人的情况下可以称呼"大家"、"ALL"。如果对方有职务,应按职务尊称对方,如"×经理";如果不清楚职务,则应按通常的"×先生"、"×小姐"称呼。对不熟悉的人或级别高于自己的人不宜称呼英文名。称呼全名也是不礼貌的,不要对谁都用"Dear ×××"称呼,这样容易引起别人的反感。

2. 开头结尾要有问候语

通常情况下,英文信件开头写"HI",中文信件写"你好";结尾英文信件写"Best Regards",中文信件写"祝您顺利"也就可以了。

三、E-mail 正文

1. 行文要简洁通顺

E-mail 正文应简明扼要,如果内容确实很多,正文应只作主要介绍,然后单独写个文件作为附件进行详细描述,作为附件的文件。作为附件的文件最好1、2、3、4地列几点进行清晰明确的说明。最好一次把相关信息全部说清楚,说准确。过两分钟之后再发一封什么"补充"或者"更正"之类的邮件,这样的行为会让人很反感。

正文应行文通顺,多用简单词汇和短句,准确清晰地表达,不要出现晦涩难懂的语句。

2. 语气要恰当

根据收件人与自己的熟络程度、等级关系,邮件是对内还是对外等,选择恰当的语气进行论述,以免引起对方反感。

尊重对方,"请"、"谢谢"之类的礼貌用语要经常出现。

少用":)"之类的笑脸字符。在商务信函里面这样显得比较轻佻。

电子邮件可轻易地转给他人,因此对别人意见的评论必须谨慎而且客观。

3. 避免错别字

这是对别人的尊重，也体现出自己水平及态度。如果是英文 E-mail，最好把拼写检查功能打开；如果是中文 E-mail，注意拼音输入法产生的同音别字。

在邮件发送之前，务必先仔细阅读一遍，检查文字是否有错误。

4. 合理提示重要信息

不要通篇处处皆是大写字母、粗体、斜体字，或者颜色过多。合理的提示是必要的，但过多的提示则会让人抓不住重点，影响阅读。

5. 合理利用辅助阐述

对于很多带有技术介绍或性质讨论的邮件，如果配合图表加以阐述，收件人一定会赞赏你的体贴。

四、附件

使用附件时，应注意以下方面：
- 如果邮件带有附件，应在正文中提示收件人查看附件。
- 附件文件应使用有意义的名字。
- 正文中应对附件内容做简要说明，特别是带有多个附件时。
- 附件数目不宜超过 4 个，数目较多时应打包压缩成一个文件。
- 如果附件是特殊格式文件，应在正文中说明打开方式，以免影响使用。
- 如果附件过大（不宜超过 2MB），应分割成几个小文件分别发送。

五、E-mail 语言的选择和汉字编码

1. 只在必要的时候使用英文邮件

英文邮件只是为了方便交流，不是用来炫耀和锻炼英文水平的。如果收件人中有外籍人士，应该使用英文交流；如果收件人是其他国家和地区的华人，也应采用英文交流，由于存在中文编码的问题，中文邮件在其他地区可能显示为乱码。另外要尊重对方习惯，如果对方与你的邮件往来是采用中文，则不能自作聪明地发送英文邮件给他；如果对方发英文邮件给你，也要相应地用英文回复。

2. 选择合适的字号和字体

中文最好用宋体或新宋体，英文用 Verdana 或 Arial 字型，字号用 5 号或 10 号即可。这是经研究证明最适合在线阅读的字号和字体。不要用稀奇古怪的字体或斜体，最好不用背景信纸。

六、E-mail 的结尾签名

每封邮件在结尾都应签名,这样对方可以清楚地知道发件人信息。

1. 签名信息不宜过多

在电子邮件末尾加上签名是必要的。签名档可包括姓名、职务、公司、电话、传真、地址等信息,但行数不宜过多,一般不超过 4 行。你只需将一些必要信息放在上面,对方如果需要更详细的信息,自然会与你联系。

引用一个短语,比如你的座右铭或公司的宣传口号,作为你签名的一部分是可行的。但是,要根据具体的收件人对象与场合而定,切记一定要得体。

2. 不要只用一个签名档

与内部员工、私人朋友或熟悉的客户等群体发送邮件时,签名档应该有所简化。过于正式的签名档会让你显得与对方比较疏远。你可以在 OUTLOOK 中设置多个签名档,灵活调用。

签名档文字应与正文文字匹配,以免出现乱码。字号一般比正文字号小一些。

七、E-mail 的回复技巧

1. 及时回复

收到他人的重要电子邮件后,即刻回复,往往是必不可少的,这是对他人的尊重,理想的回复时间是 2 小时内,特别是对一些紧要的邮件。

在需要回复的邮件较多的情况下,可将一些优先级低的邮件集中在一特定时间处理,但一般不要超过自收到邮件后的 24 小时。如果事情复杂,无法及时确切回复,应该先回复"收到了,我们正在处理,一旦有结果就会及时回复"云云,不要让对方苦苦等待。如果你正在出差或休假,应该设定自动回复功能,提示发件人,以免影响工作。

2. 针对性回复

当在信件中答复对方的问题的时候,最好先把相关的问题抄到回件中,然后附上答案,并进行必要的阐述,让对方便于理解,避免反复交流浪费时间。

3. 不过简回复

对方给你发来一大段邮件,你却只回复"是的"、"对"、"谢谢"、"已知道"等字眼,这是非常不礼貌的。回复适当的字数可以显示出对对方的尊重,但也不必过多,一般以 10 个字左右为宜。

4. 不就同一问题多次回复

如果收发双方就同一问题的交流超过 3 次,只能说明交流不畅。此时应采用电话等其他方式进行交流。电子邮件有时并不是最好的交流方式。

对于较为复杂的问题，可能有多个收件人频繁回复，发表看法，这将导致邮件过于冗长而不可阅读。此时应即时对前面讨论的结果进行小结，删减瘦身，突出有用信息。

5. 要区分单独回复（Reply）和回复全体（Reply All）

如果只需要一个人知道的事，单独回复给他就行了。如果你对发件人提出的要求作出总体回应，应该使用回复全体（Replay all），让大家都知道。如果你对发件人的提出的问题不清楚，或有不同的意见，应该与发件人单独沟通，不要当着所有人的面，不停地 RE 来 RE 去，与发件人讨论。要讨论好了再告诉大家。不要向上司频繁发送没有确定结果的邮件。点击"回复全部"前，要三思而行！

6. 主动控制邮件的来往

为避免无谓的回复，可在文中指定部分收件人给出回复，或在文末添上以下语句："全部办妥"、"无需行动"、"仅供参考，无需回复"。正确使用发送、抄送、密送功能。

收件人（TO）是要受理这封邮件所涉及的主要问题的人，理应对邮件予以回复。

抄送人（CC）则只是需要知道这件事的收件人，不必对邮件予以回复，当然如果有建议，也可以回复 E-mail。

密送人（BCC）是指只有发信人知道，其他收件人都不知道的收件人。这个可能用在非常规场合。

TO、CC 的各收件人的排列应遵循一定的规则。比如按部门、职位等级排列等。

八、E-mail 的转发

在你转发消息之前，首先确保所有收件人需要此消息。除此之外，转发敏感或者机密信息时要小心谨慎，不要把内部消息转发给外部人员或者未经授权的接收人。如果有需要还应对转发邮件的内容进行修改和整理，以突出信息。

第三节 如何出差

一、酒店预订

出差要提前预订酒店，既方便自己，又有利于酒店的管理，尤其是在旅游旺季出差,这一项工作就更必不可少。

在信息高度发达的今天,预订酒店的方式也是多种多样的。电话、上网、信函、电传预定都是可以的,但最常用的还是电话预定。在确定了要入住的酒店后,可以拨打他们的电话,告诉他们你的要求以及入住和停留的时间、入住的人数、房间的类型、申请住房人的姓名和到达酒店的大概时间,并问清房费。

如果到达时间比预定时间晚了,应尽快打电话联系,否则预定就会被取消。

此外,随着服务业的发展,酒店会越来越注重个性化服务,尽量满足客人的需求,所以如果你对房间有什么特殊要求,也可以在预约时提出。

二、登记入住

进入酒店大堂后,首先应该到前台出示证件登记。如果你带了大量的行李,门童会帮助你搬运行李,这时你要礼貌地表示感谢。

如果前面有正在登记的顾客,你应该静静地按顺序等候,并与其他客人保持一定的距离,不要贴得太近,也不能乱站、乱挤,更不能乱耍脾气。

登记并拿到钥匙之后,就可以去房间了。乘电梯时,要主动为后来的客人扶住门;下电梯前,自己按下关门的按钮。尽量减少给别人带来的麻烦。

大厅和走廊是酒店的主要公共场合,因此一定要记住,不要像在家中一样随便,更不要穿着睡衣或浴衣转来转去;不要大声说话和吵闹,也不要乱跑乱跳。

遇到雨雪天气,进入酒店前要收好雨伞,把脚上的泥清除干净。

三、入住客房

虽然打扫客房是服务员的工作,但是也不能因为有人代劳就不注意保持清洁卫生,废弃物要扔到垃圾筐里,东西尽量摆放得整齐有序。

洗手间里不要把水弄得整个台面上到处都是。

如果你要连续住上几天,可以留一张纸条给客房服务员,告诉他们,床单和牙刷不必每天都换,牙膏和洗发水也可以等用完了再换新的,这样的客人一定会受到酒店的尊重和欢迎。

电视的音量要适中,更不可太早或太晚开电视,以免影响别人的休息。

在房间用餐完毕,要用餐巾纸将碗碟擦干净,放在客房外的过道上,方便服务人员收拾。

淋浴的时候,浴帘的下部要放到浴缸里面,不要把地弄湿了。用完之后,把散落在盆里的头发拾起来。

与朋友相聚也应该有节制,会客时间太长是不适宜的,一般不超过23:00。

还应该注意交谈的音量,不要影响到别的客人休息。

四、礼貌离店

结账离店是你和酒店的最后一次接触了,怎么样才能给人留下一个完美的印象呢?在准备走之前,可以先给前台打个电话通告一声,如果行李很多,就可以请他们安排一个人来帮你提行李。

不要从酒店拿走毛巾、睡衣或其他物品,这会出现令你尴尬的局面,而且你要为此付款。如果你想留些纪念品的话,可以到酒店的商店里看看。

如果不小心弄坏了酒店的物品,不要隐瞒抵赖,要勇于承担责任并予以赔付。

结完账,礼貌地致谢,道别。

第四节　如何收送礼物

17世纪西班牙著名礼仪专家伊丽莎白说过:"礼品是人际交往的通行证。"也就是说,在人与人交往的过程中,礼品是不可或缺的东西。比如在逢年过节时,给老客户赠送礼品;与客户离别时,赠送一两件小纪念品等。

一、如何赠送礼品

赠送礼品时,从礼仪的角度来讲,一定要遵守"五W法则"(因为它们的英语第一个字母都是W,所以简称"五W"法则)。

第一个W,意即送给谁(Who)。即要重视受赠的对象,要根据受赠人的民族风俗、宗教习惯等区别对待。比如一些国家的习惯是针对不同身份的人赠予不同的礼品,如果给主人和陪同人员的礼品完全相同,会被认为是一种不尊重受赠人的行为。把受赠人的单位或姓名刻在礼品上,注明赠礼的理由,会使礼品具有更大的珍藏价值。

第二个W,意即送什么(What)。在送给谁的问题确定之后,就会随之产生第二个问题:送什么?一般来讲,礼品的选择要考虑到以下几点:其一,时尚性,或叫时效性。比如,现在你还给人家送传呼机,是不是显得太落伍、不时尚?其二,独特性。记住三句话:"人无我有"、"人有我优"、"人优我新"。如中秋节到,大家都送月饼,就没有独特性,也不利于保存。其三,便携性。就是要便于携带。给外地客人送礼品时,一定不能忽视这一点。其四,注意数目。比如有些地方的人不喜欢"四"这个数,而有的地方的人却不喜欢"八"这个数,这些都要注意。其五,注意风俗的禁忌。比如,我国民间送礼是不能送"钟"的,因为有"送终"之意;还有的人忌讳别人送"书"给他(因为"书"与"输"同音)。其六,礼品不可太贵重,应强调"礼轻情义重",注重纪念意义。可选择有纪念意义、有特色的东西作为礼品,如能馈赠花钱也难买到的特制纪念品则更佳。另外,还要考虑到客人的兴趣,如对方喜爱书法,可以送张国画;对方喜爱音乐,可以送音乐盒等。总之,应使礼品价值大于其物质价值,切不可将送礼变成行贿。

第三个W,意即在什么地方送(Where)。赠送礼品需要考虑赠送的具体场合。公务交往中礼品的赠送地点一般应该在办公地点,以示郑重、公事公办,并给人以非常正规的感觉;相反,私人交往的礼品赠送则一定要在私下的场合,以示公私有别。

在向多人发放礼品时,为避免漏掉一些人,要格外小心礼品的数量,宁可多备一些,否则会导致一些尴尬局面。也可双方协商好,只赠主宾,其他客人的礼品另择机赠送。另外,人多场合赠送的礼品不宜过于贵重或具有针对个人的倾向。

第四个W,意即什么时间送(When)。一般的规则是:拜访别人时,礼品应该在见面之初拿出来,这叫登门有礼。这样做有两点好处:其一,容易给别人一个良好的印象,表示你对别人重视;其二,容易形成良性互动。主人向客人送礼一般是在客人告辞时才送。对外地客人,一般在临行前夜送为佳,这样对方也方便收拾;对本地客人,则在客人告辞时拿出来为宜。公务礼品的赠送时间一般也分为两种情况:一是主管领导会见来客时赠送,以示重视并能提升档次;二是在告别宴会上赠送,它是一个终曲。送花可以在迎送初期;会谈会见时一般在起身告辞时赠送礼品;签字仪式一般在仪式结束时互赠礼品;正式宴会如果有礼品互赠仪式,应按计划在相应时间段赠送,除此之外,一般是在临近结束时赠送;祝贺欢庆一般是开始或者提前赠送。

第五个W,意即如何送(Which)。它的具体含义是:应该怎样送?以何种具体方式送?它主要强调以下两条:第一条,但凡可能,我们需要亲自赠送礼品(礼品一般有3种赠送方法:自己送、托人送、寄送),可附上祝词和名片。在商务活动中,礼品最好由单位主管领导亲送,这样可以提升规格。第二条,礼品最好包装一下。如果是会谈会见等活动,一般由最高职位的领导代表本方向对方人员赠送礼品;赠送应从地位最尊的人开始;同一级别的人员中应先赠给女士后赠给男士,先赠给年长者后赠给年少者。赠送礼品应双手奉送,或者用右手呈交,避免用左手。有些国家的人在接受礼品时有推辞的习惯,但这只是一种礼节,并不代表拒绝。如果赠送的礼品确实没有贿赂之意,则应大胆坚持片刻。如果对方坚持拒收,则可能确实有不能接受的理由,此时不能一再强求,也不应表现出不高兴的情绪。

二、如何接受礼品

接受礼品时,一般需要注意以下几点:

1. 要落落大方

对不能接受的礼品,要向送礼者说明原因、婉言相拒;对能接受的礼品,可以欣然接受,没必要半推半就。

2. 要表示感谢

要当即表示感谢,还要欣赏对方的礼品。如果是礼品托人赠送或寄送来的,可通过电话、信函等方式表示谢意。

3. 要保持低调

不要在人前炫耀礼品是谁送的,但别人问时可以相告。

4. 不要转赠他人

如没有很特殊的原因,不要把礼品转赠他人,否则是很不礼貌的行为。

三、礼品禁忌

1. 送花禁忌

世界各地都有送花的习俗,但送花也要注意对方所在国家的习俗。比如西方人送花只送单数,但不能送13枝;一般用玫瑰花代表爱情,用菊花代表哀思。很多地方的人都认为黄色的花不吉利,所以送黄色花要慎重。给日本人送花不送荷花,因为荷花经常被画在棺材上。每个国家基本都有自己的国花,送国花一般都会受欢迎。

2. 其他物品赠送禁忌

刀。赠送刀子被认为含有"一刀两断"的意思,故应避免将其选作礼品。但有两种刀有时可以作为礼品赠送:一种是特别富有民族特色的礼品刀(如阿拉伯弯刀);另外一种就是瑞士军刀。

钟和鞋子。钟或代表死亡,或代表浪费时间,因此不宜作为礼品;鞋子往往被认为是不洁或不吉利之物,也应避免作为礼品。

药品。药品与疾病、不健康或死亡相联系,因此不宜作为礼品,但保健品不在此范围内。

动植物活体、生鲜食品、种子。这些东西不宜送外国来访客人。许多国家有很严格的动、植物检疫法,不允许此类东西进入国门。

3. 礼品包装禁忌

要注意色彩、图案等的合理搭配,不选用纯白、纯黑色包装纸。有些国家和民族的人对色彩与图案有不同的理解。如果用彩带扎花,不能结出"十"字状,日本人则不喜欢"蝴蝶结"。

包装礼品前一定要把礼品的价格标签取掉,如果很难取,则应把价格标签用深色颜料涂掉。

四、如何回礼

一般而言,收到来客赠送的礼品后,主人应回礼。回礼的方式有很多种,既可以回赠一定物品,也可以热情款待对方。如果是回赠礼品,应注意以下几点:

1. 不超值原则

回礼的价值一般不应超过对方赠送的礼品,否则会给人攀比之感。

2. 时间地点适宜

收到私人赠送的礼品,回礼时应该有一个恰当的理由和合适的时机,不能为了回礼而不选时间、地点地单纯回送等值的物品。例如,分别时是最好的回礼时机之一。

第五节 如何应对会议

会议,亦称"聚会",是指将人们组织起来,在一起研究、讨论有关问题的一种社会活动方式。

一、做好会前准备

会前准备阶段,要进行的组织准备工作大体上有如下四项:

1. 拟定会议主题

会议的主题,即会议的指导思想。会议的形式、内容、任务、议程、期限、出席人员等,都只有在会议的主题确定下来之后,才可以据此一一确定。

2. 拟发会议通知

会议通知应包括以下六个部分:一是标题,它重点交代会议名称;二是主题与内容,这是对会议宗旨的介绍;三是会期,它交代会议的起止时间;四是报到的时间与地点,特别要交代清楚交通路线;五是会议的出席对象,如对象可选派,则应规定参会人员应具备的具体条件;六是会议要求,包括与会者应准备的材料与生活用品,以及差旅费和其他费用报销问题。

3. 起草会议文件

会议所需的各项文件材料,均应于会前准备好。其中的主要材料,还应做到与会者人手一份。要安排好会议的招待工作,尤其是交通、膳宿等方面,应精心、妥当地做好准备。要布置好会场,不应过大,显得空旷无人;也不可过小,弄得拥挤不堪。对必用的音响、照明、空调、投影、摄像设备,事先要认真调试。对需用的文具、饮料,亦应预备齐全。

4. 安排会议座次

商务会议座次的安排一般分成两类:方桌会议和圆桌会议。

一般情况下会议室中是长方形的桌子(包括椭圆形),就是所谓的方桌会议,方桌可以体现主次,因而要注意座次的安排。以会议室的门为基准点,在里侧是主宾的位置。如果只有一位领导,那么他一般坐在这个长方形的短边,或者是比较靠里的位置。如果是由主客双方来参加的会议,一般分两侧就座,主人坐在会议桌的右边,客人坐在会议桌的左边。

还有一种是以圆形桌为布局的会议,就是圆桌会议。在圆桌会议中,则一般不用拘泥这么多的礼节,只要记住以门作为基准点,靠里面的位置是比较主要的座位就可以了。

主席台的座次。我国目前的惯例是:前排高于后排,中央高于两侧,左座高于右座。凡属重要会议,在主席台上每位就座者面前的桌子上,应先摆放好写有其姓名的席卡。

排列听众席的座次,目前主要有两种方法。一是按指定区域统一就座;二是自由就座。

二、参会人员的基本要求

作为与会人员,在出席会议时应当严格遵守以下四项原则:

1. 规范着装

即应按照 IT 行业一般正式场合的着装要求进行着装,做到庄重得体。

2. 严守时间

过早到和迟到都是极不礼貌的行为。

3. 遵守秩序

不得在会场大声喧哗、交头接耳,不得随意走动。

4. 专心听讲

心无旁骛,认真听取会议内容,认真做笔记。

三、主持人的基本要求

会议主持人在主持会议时要注意合理介绍参会人员、控制会议进程和会议时间等方面,这些方面表现好坏对会议能否圆满成功有着重要的影响。

1. 仪容整洁大方

主持人应衣着整洁,大方庄重,精神饱满,切忌不修边幅,邋里邋遢。

2. 仪态庄重得体

走上主席台时,主持人的步伐应稳健有力,行走的速度因会议的气氛而定。一般的说,会议气氛热烈时,步频应较慢。

站立主持时,主持人入席后应双腿并拢,腰背挺直。单手持稿时,右手持在稿子的底中部,左手五指并拢自然下垂;双手持稿时,稿子应与胸齐高。

坐着主持时,主持人应上身挺直,双臂前伸,两手轻按于桌沿。

在主持过程中,主持人不能对会场上的熟人打招呼,更不能寒暄闲谈,这些可以在会议开始前,或会议休息时间进行。切忌做出搔头、揉眼、抖腿等不雅动作。

3. 语言简明扼要

主持人应口齿清楚,思维敏捷,简明扼要。同时,主持人还应根据会议性质调节会场气氛,或庄重,或幽默,或沉稳,或活泼。

四、发言人的基本要求

会议发言有正式发言和自由发言两种。

1. 正式发言

发言人应衣冠整齐,走上主席台时步态应自然有力,体现一种成竹在胸、自信自强的风度与气质。发言时应口齿清晰、讲究逻辑、简明扼要。如果是书面发言,要时常抬头扫视一下会场,不能只顾低头读稿,旁若无人。发言完毕,应对听众的倾听表示谢意。

2. 自由发言

自由发言则较随意,应要注意,发言人应讲究秩序,不能争抢发言;发言应简短,观点应明确;在与他人有分歧时,应以理服人,态度平和,听从主持人的指挥,不能只顾自己一吐为快。

如果有会议参加者对发言人提问,发言人应礼貌作答;对不能回答的问题,应机智而礼貌地说明理由。对提问人的批评和意见应认真听取,即使提问者的批评是错误的,也不能失态。

五. 会议结束后的细节

在会议结束之后,我们应该注意以下细节,才能够体现出良好的礼仪。主要包括:

会谈要形成文字结果,哪怕没有文字结果,也要形成阶段性的决议,落实到纸面上。还应该有专人负责相关事物的跟进;赠送公司的纪念品;带与会者参观,如参观公司,或厂房等;如果必要,合影留念。

第五章　培养成功的 IT 销售经理人

第一节　了解 IT 销售岗位

一、IT 销售岗位的要求

IT 销售人员的主要职责是指导信息技术产品和服务的实际销售，通过确定信息技术产品销售领域、相应配额、目标等来协调销售工作，并为销售代表制定培训项目，分析销售数据，确定销售潜力并监控客户的偏好。

IT 销售方式大体上分为传统销售和网络营销两大类。对传统的销售，大家都司空见惯，每个人几乎每天都涉及传统的销售；网络营销是指通过网络进行的销售活动，如电子商务。

销售岗位有五个方面的要求：与客户有效沟通、敏锐地捕捉信息、具有良好的人际关系、考虑到客户的利益、具有强烈的成功欲。了解这五个概念会帮助您加深对 IT 销售岗位的认识。

1. 与客户有效沟通

广义的沟通是指信息自我传承或个体间信息的有效传递与接受，并影响和产生实质的行动或结果；狭义的沟通是指不同个体间信息的有效传递与接受。销售过程中，怎么让陌生客户接受你、怎么开始开场白、怎么回答客户问题、怎么发问、怎么吸引客户注意力、怎么拉近与客户关系、怎么发掘需求、怎么处理客户异议、怎么拒绝客户、怎么倾听、怎么促进成交、怎么催款等，都属于沟通范畴。

人与人之间的关系在很大程度上是由他们的沟通方式与沟通效果决定的，销售的成功与否在很大程度上取决于沟通的好坏。兵法也云："攻心为上。"有效沟通是一切销售活动的必经途径且贯穿于销售全过程中。

2. 敏锐地捕捉信息

销售过程中的信息包括有关客户、客户合作伙伴、竞争对手、潜在竞争对手、自己的情况等。

现代商战其实就是信息战，一个成功的销售人员要会在有效沟通的基础上，把自己变成"顺风耳"与"千里眼"，细心观察，收集信息，然后再准确判断，最终做到胸有成竹，让整个销售流程都在控制之中，直至销售成功。

3. 具有良好的人际关系

人际关系指社会人群中因交往而构成的相互依存和相互联系的社会关系，属于社会学的范畴。

市场经济下一般没有完全垄断性的产品。竞争性产品、同质性产品的众多使得买方在选择供应商时，除了考虑价格、质量、服务、品牌、货期、付款方式等因素外，就是考虑人的因素，即不同供应商与买方的私人关系。在同等条件下，买方选择供应商时会首选与其关系好的，所以说做销售很大程度上其实是做人、做关系。职场中流行一句话："最成功的人不一定是最优秀的人，而是最善于处理关系的人。"销售活动中也是如此，业绩最好的往往是擅长于处理各种关系的销售人员。

4. 考虑到客户的利益

市场经济的核心是优胜劣汰，故企业问题的核心就是效益问题。企业在提升效益的同时必然要千方百计地降低各方面的成本，并考虑很多利益因素，诸如价格、质量、服务、品牌、货期、付款方式、私人关系等。因为商业关系的本质就是利益关系，故在销售活动中，一个销售人员包括其背后的公司，要学会换位思维，站在客户的立场上尽量帮客户降低成本、提高效益，不要一味想着怎么样赚取客户的钱，而应该在帮客户赚钱的基础上再赚客户的钱，做到双赢。简言之，要想发展长期合作关系，就必须相互考虑双方的利益。

5. 具有强烈的成功欲

对成功渴望的强烈程度会直接、深远地影响到销售人员的发展速度。对成功的渴望越强烈，动力就会更大，目标实现更快，成果会更大。年销售目标1000万与100万的销售人员进步速度肯定不一样。

古希腊有个大哲学家苏格拉底，有一天，一个年轻人向他请教成功的方法。苏格拉底带着他走到一条河边，突然用力把他推到了河里。年轻人起先以为苏格拉底在跟他开玩笑，没想到苏格拉底也跳到水里，并且拼命地把他往水底按。这下子，年轻人真的慌了，求生的本能令他拼尽全力将苏格拉底掀开，爬到岸上。年轻人不解地问苏格拉底为什么要这样做，苏格拉底回答道："我只想告诉你，做什么事业都必须有绝处求生那么大的决心，才能获得真正的收获。"一个销售人员若拥有苏格拉底所描述的那种强烈成功欲望，他将所向披靡。

二、IT 销售岗位的特点

IT 业不仅是当今世界发展最快的产业,也是跨世纪的朝阳产业。随着 21 世纪知识经济时代的到来,信息化将成为一个国家经济发展的必要手段,其巨大的市场潜力吸引着众多 IT 企业加入。我国 IT 业尚处于初级发展阶段,有必要研究其自身的营销特征,并根据消费者的需求及市场发展变化趋势,制定相应的对策。IT 行业的营销活动有自身的一些特征。

1. 市场需求的多样性

对一般工商企业而言,所生产销售的商品的基本效用(即使用价值)是一致的,因而顾客需求虽有差异性,但差异化程度较低。但对 IT 企业而言,其顾客既存在年龄和性别的差异,也存在管理方式、规模、行业的差异;而且不同客户对软硬件的要求都不同。这就要求 IT 企业必须在市场调研和市场细分的基础上,选择出市场需求量大,并且企业有能力开发的产品,从而避免和别的 IT 企业撞车,同时又可保持自己的经营特色。如某公司一直将 CAD 领域作为其主攻方向,其 CAD 及相关产品的市场占有率和营业额均在我国市场中处于领先地位,保持了企业的活力和竞争力。

2. 产品更新换代的快速性

随着计算机网络技术的快速发展和高新技术的广泛应用,使得 IT 企业产品的更新异常迅速。企业在刚推出新产品的同时,就有可能面临着该产品被功能更强的新产品所替代的风险。这就要求 IT 企业在研制新产品的同时,要特别注重研究同行竞争企业的产品发展趋势。

(1)技术性是 IT 企业生存和发展的根本。正如 1998 年 8 月 31 日的美国《商业周刊》所言:"一家成功的公司,不仅应当非常了解市场动向,也应当能够在短时间内对市场需求作出迅捷的反应和部署,同时它还应该知道如何更加深入有效地利用新技术。"技术对一般工商企业能够起到非常大的促进作用,对 IT 企业更是如此。IT 企业间的竞争主要体现为技术上的竞争,无论是信息产品的研制、应用,还是信息产品的销售,都离不开技术的支持。而 IT 企业的高技术主要靠掌握高新技术的科研人员来实现,因而技术的竞争体现为企业人员素质的竞争。

(2)高投资、高风险是 IT 企业营销中的一大特征。IT 企业新产品的研发是一项复杂的系统工程,它需要大量的资金支持。IT 企业的高风险性主要体现在三个方面上:一是当企业在研制新的软件系统时,如果该新产品有较大的缺陷或其市场需求量很小,则该产品难以逃脱失败之命运。如微软为了遏制 WPS 97 的上市,匆匆推出了 WORD 97 的入门版,其 97 元的售价与其高品质的企业形象形成了强烈的反差,WORD 97尚未正式上市便以全面收回而告终。二是若在新产品研制期间市场上已出现了功能更强的替代产品,企业的一切投入将会付诸东流。三是在日益增多的信息产品中,若企业的新产品没有被市场接受,企业将无法收回成本,而IT产业中新产品更新换代快的这一特点,又会提高IT企业的经营风险。所以,如何降低风险、防止风险是IT企业必须解决的一个问题。

(3)服务性是IT企业营销的一个重要特征。一般工商企业为顾客提供的主要是有形产品,其质量和效能通过现场操作就能立刻表现出来;但IT企业为顾客提供的是高技术产品,其质量的好坏、效用的大小无法直接表现,顾客只有在使用一段时间后才能对其价值作出评估。因此,IT企业为顾客提供的服务就显得十分重要。IT企业提供的服务应包括售前、售中和售后服务;售前、售中服务应包括事前宣传、义务培训、讲座等方式,其目的在于引起顾客的兴趣,并对新产品有一定的了解;而售后服务的目的在于给予客户必要的、连续的技术支援,使其成为企业的忠实顾客。如康柏公司以服务作为其传播诉求的主题,1998年11月又成立了康柏客户支持中心,从而引起了各专业媒体的热烈反响;并以连锁店形式出现的康柏服务网,在宣传企业品牌的同时,又树立起了康柏坚持以消费者为中心的良好形象,可谓一举两得。

第二节 IT销售职场礼仪

一个成功的IT销售人员除了要具备基本的礼仪素养和销售能力外,还应该掌握一定的网络销售技巧。本节将着重讲授销售沟通技巧、网络营销等几方面的问题。

一、注重个人的基本礼仪

良好的礼仪是对客户的尊重,你尊重客户,客户也会尊重你。要想赢得客户良好的第一印象,IT销售人员首先必须注意良好的个人职场礼仪。在职场中如何保持得体的仪表、仪容、仪态等等,这些前文已有阐述,此处不再赘述。

二、注重销售沟通技巧

作为优秀的销售人员,仅仅能够识别、辨认人们的沟通风格还远远不够;要提高沟通效率,提升销售业绩,还必须学会一些沟通技巧。尽管不同的销售人员,对于不同的沟通技巧的敏感度不同,但是,仍然可以掌握一些具有共性的沟通技巧。独具一格的、富有个人魅力的沟通风格往往离不开娴熟的沟通技巧,能够使销售沟通成为一种愉快、轻松与活泼的交流体验。

个性化的沟通技巧包含语言和非语言两方面。语言方面的沟通技巧包含倾听、应答、积极交流等;非语言方面的沟通技巧内容比较丰富,包含副语言、表情、目光、体姿、服饰与发型等。

虽然在销售沟通过程中,语言沟通占据主导地位,但是脱离了非语言沟通的配合,仅仅依靠语言沟通,容易使人感到词不达意或言过其实,交流也变得僵硬呆板,缺乏一种幽默、生动或真情流露的情境。因此,有效的销售沟通总是语言沟通与非语言沟通合二为一、天衣无缝的自然融合。

1. 语言沟通

语言沟通是人们借助于口头语言或书面文字所进行的一种信息交流,口头语言沟通包括交谈、报告、演讲、谈判、电话联络等形式;书面文字沟通包括通知、报告、文件、备忘录、会谈纪要、协议等形式。前者灵活、生动,反馈迅速;后者正式、规范,具有严肃性、权威性,能够保证信息交流的准确性和保存的长期性。现实中的销售沟通,往往是前期以口头沟通居多(讨论客户需要、需求,谈判双方交易条件等);后期以书面沟通居多(将前期讨论、谈判确定下来的需要、需求以及交易条件等以书面文字的形式描述出来存档,以备需要时查验等)。

(1)倾听与应答。一名优秀的销售人员一定是一个出色的倾听者。当客户提出问题时,他一定是去倾听而不是去指导,去理解而不是去影响,去顺应而不是去控制。遗憾的是,大部分的销售人员都做不到这一点。造成这种现象的原因就是心理定势,即认为倾听是被动的。他们认为要想销售成功,就要想方设法说服客户,因此,就必须努力说、努力讲、努力去证明或证实。实践表明,要在销售沟通中与客户建立良好的合作关系,销售人员首要的是应该学会倾听,倾听客户的需要,倾听客户的深层需求;同时向客户传递这样一种信息:我并不总是赞同你的观点,但是尊重你表达自己观点的权力。这就是销售中的"先迎合、再引导"原则。

欲成为一个优秀的销售人员,就应该经常主动地与客户进行交流沟通,在集中精力倾听客户需要、需求的情况下作出积极的反馈与应答。对客户的反馈与应答包括表现出注意听讲的身体语言、发出一些表示注意听讲的声音或顺应地提出问题等。不过,在作出反馈或应答时,应避免人为产生的一些偏差,比如夸大或低估、过滤或添加、抢先或滞后、分析或重复等。

(2)积极交流。掌握并善于使用积极交流的技巧,对于销售人员来说具有莫大的助益。首先,成功地促使他人改变态度和行为的原则是既要解决问题,又不伤害双方的关系或对方的自尊。因此,如何措辞非常关键,而采用恰当的措辞是积极交流的前提。其次,在积极交流的过程中,要善于使用"换挡"的技巧,即销售人员和客户(发送者和接收者)的角色互换,当客户表述的时候,销售人员要仔细倾听;当客户准备倾听时,销售人员又要尽快转变角色,阐述自己的思想、观点和情感。最后,积极的交流还要求销售人员在销售前主动与客户接触,在销售后主动与客户保持联络。

2. 非语言沟通

非语言沟通是借助于人们的语音、语调、表情、目光、姿态等肢体语言所进行的信息交流。尽管语言沟通起到的是一个方向性和规定性的作用,但是,事实上非语言沟通更能准确地表达所传递信息的真正内涵。概括地说,非语言行为在信息沟通中不但起到了支持、修饰或否定语言行为的作用,在某些情况下,还可以直接替代语言行为,甚至可以反映出语言行为难以表达的思想情感。

(1)副语言。副语言是指说话的语音、语调、语气等,比如语调的高低、语气的轻重、节奏的快慢等,它们伴随着语言表达信息含义的不同而不同,因而副语言与语言之间的关系非常密切。研究发现,副语言尤其能表现出一个人的情绪状况和态度,影响人们对信息的理解以及交流双方的相互评价。

(2)表情。表情是人类在进化过程中不断丰富和发展起来的一种辅助交流手段。表情不仅能够传递个人的情绪状态,还能够反映出一个人的喜、怒、哀、乐等内心活动。

(3)目光。目光是非语言沟通的一个重要工具,"眉目传情"就是一种很好的说明。事实上,在人际交流沟通中,有关沟通双方的许多信息都是通过眼神去收集和接收的。目光,作为一种非语言信号,可以向沟通对象传递肯定或否定的态度,质疑或认同等情感信息。在销售的沟通中,销售人员要善于使用目光,如用目光来表示赞赏或强化客户的语言或行为,或表示困惑等。

(4)体姿。所谓"体姿",就是指人们在交流沟通过程中所表现出来的身体姿势。比如前倾、后仰、托腮沉思等状态或姿势。研究表明,无论多么老练、深沉,人们都很难从体姿上掩盖或隐藏对待他人的态度。体姿虽然不能完全表达个人的特定情绪,但它能反映一个人的紧张或放松程度。因此,销售人员若能准确识别并判断不同体姿透露出来的不同信息,对于促成销售、提升销售业绩具有极大的帮助。

(5)服饰与发型。有研究显示,服饰甚至成了销售人员取得成功的决定性因素之一。人们普遍认为,着装正式不仅是职业化的表现,更是对客户的尊重。此外,销售人员还需要关注自己的发型,来自对客户的抽样调查认为,销售人员的发型不宜过于个性化与时髦、前卫,否则会给客户留下不太稳重的印象。因此,销售人员通过其服饰与发型等外表所传递的非语言信息应该是积极、进取、热情、开朗、沉稳、健康的,这样才容易获得客户的认同。

(6)肢体语言。对消费者行为的深入研究发现,在销售沟通过程中,客户一般会通过三种肢体语言来表明对销售人员的传递的信息持反对、犹豫还是接受的态度。这三种肢体语言就是面部表情、身体角度和动作姿势。销售人员熟知这些肢体语言,对于把握客户购买心理、审时度势作出销售决策至关重要。

需要强调的是,虽然大多数肢体语言的含义明确,但这仅仅是其沟通过程中的一个组成部分,是伴随着客户一连串的语言沟通中的一部分非语言暗示,销售人员切勿断章取义,但也不能熟视无睹,而是需要随时捕捉这些微小的非语言信号,并结合整个沟通过程进行正确的"翻译"或"解码"。

3. 沟通中的障碍与润滑剂

(1)沟通中的障碍。所谓"沟通中的障碍",就是指信息在沟通过程中遭遇诸如环境噪音等因素所导致的信息失真(放大、缩小、偏离)或停止(中断)等现象。引发信息沟通障碍的不仅有信息发送者的因素,也有信息接收者的因素,此外更可能是传播介质(传播通道或载体)方面的原因。销售人员熟知这些沟通中的信息障碍并努力避免这些障碍,有助于提高沟通效率。

(2)沟通中的润滑剂。积极的沟通不仅是有效销售的前提,也是销售人员将公司的理念与价值观、产品与服务、品牌与形象等向客户传播的过程。积极沟通少不了"润滑剂"。沟通中的"润滑剂"不仅能够帮助销售人员调节沟通氛围,在某种程度上,它还可以促进沟通双方加深对沟通问题的理解与认识。销售人员掌握这些对于提高自身的沟通技能大有裨益。

三、网络营销技巧

随着网络的普及,越来越多的公司开始进行网络贸易,网络营销方式正逐步被销售者接受,并在一定程度上改变了人们的销售观念。作为一名IT销售人员,更应该掌握这种新型的销售方式。那么一名网络营销或者叫网络销售人员应该具备哪些素质和能力呢?

1. 对产品有详细的了解

这是对一个网络销售人员来说最基本也是最重要的一个环节。对产品的了解程度直接决定了和客户的沟通质量。比如有的客户询问你销售的这个零件在他的机器上能不能使用,并说明他的机器的工作环境,这个时候你如果对自己的产品不是很了解,那么必然直接影响到产品交易。所以要想成为一个优秀的网络销售人员,对产品有详细的、专业的了解是必要的。

2. 发布高质量的信息

企业开展网络营销的第一步一般都是从一些BtoB商务平台开始的,比如综合类的"阿里巴巴"、"慧聪"、"环球资源"等。选择是没错的,关键是怎么做才能有好的效果。这里要明白一个问题,网络销售的实质是向消费者发布信息,消费者接受信息、分析信息,最后购买的一个过程。因此这几个过程进展得如何直接左右了最后的成交量。首先是发布信息,这里需要注意几点:一真实;二详细;三多。当然数量多是建立在质量好的基础上的。

3. 做好客服咨询工作

客服的重要性是不言而喻的,客户看到商家发布的产品信息,并且有兴趣要了解时,可以直接点击在线客服。这就需要客服随时在线,便于第一时间解答客户咨询。试想一下,如果客户联系的客服不在线,客户是不会等的,因为网上有很多同类的商家,他仅需要动动鼠标就可以再找另一家。所以对网络营销人员来说,机会是稍纵即逝的。当然现在有很多和手机绑定的客服系统,比如"阿里巴巴"的"阿里旺旺"可以和手机绑定,"汽车用品网"www.qcypnet.com.cn每条信息上都会有一个短信客服。这些方式都是不错的选择。

4. 辨别真假询盘

在网上向你询盘的基本有两类人群:一个是竞争对手,一个是潜在客户。所以你就要具备辨别竞争对手和潜在客户的能力,不要盲目地报价,否则会因小失大。如何辨别:一方面是接到对方的询盘后马上搜一下这家公司的信息,看看是不是真实,做的产品是不是和你的相似;另一方面就是问对方几个比较专业的问题,看是否真的有购买需求,即使给他报价,也需要对方加盖公章传真过来。这样有助于筛选高质量的客户,也使得样品不被随便邮寄。

5. 定期整理客户资料

随时注意把有意向的潜在客户存档归类。可以建立一个客户的数据库,把客户根据自己的判断进行A,B,C等多种分类,比如什么时候跟进A类客户,什么时候联系B类客户,这样做既不容易丢掉一些有意向的客户,还可以避免公司内部人员的重复沟通,对每个客户资料做到有据可查。

6. 重视公司内部的交流

对于一个网络销售人员来说,除了在网上与客户进行沟通外,在实际操作中还需要和本公司的其他部门的人员做好沟通,比如技术人员、销售人员,只有和每个部门沟通好,才可能把单子做成功。

7. 掌握其他推广方法

网络销售是一个系统化的工作,仅靠发布信息,效果是有限的,所以还要掌握博客营销、软文推广等方法,才可以慢慢在网络上树立自己的品牌形象。

第三节 做成功的IT销售经理人

一、项目性销售的定义

随着社会的发展,有组织的活动逐步分化为两种类型:一类是连续不断、周而复始的活动,人们称之为"运营",如企业日常的生产活动;另一类是临时性、一次性的活动,人们称之为"项目",如新建工程、企业的技术改造活动、一项环保工程的实施等。

国际标准化组织(ISO)对"项目"做了如下定义:项目是由一系列具有开始和结束日期、相互协调和控制的活动组成的,通过实施活动而达到满足时间、费用和资源等约束条件和实现项目目标的独特过程。

项目性销售(Project Selling)就是专门针对项目中的采购需求而展开的一系列销售活动。根据客户需求的不同,项目性销售可以划分成以下两类:(1)客户委托专业机构设计针对项目的整体解决方案,厂商只需要向客户提供整体解决方案中涉及的分项产品或服务。(2)客户没有针对项目的成熟的解决方案,需要厂商提供一个整体解决方案,亦即"交钥匙工程"或"总承包"。

相应地,IT项目性销售就是专门针对IT产品的采购需求而展开的一系列销售活动。从事IT项目性销售的人员往往被称为"IT销售经理人"。

二、IT销售经理人应具备的基本能力

IT行业正在经历一场痛苦的"减肥"运动,为了能在目前这种严峻的经济形势下生存,IT经理人就必须要学会说话的艺术。

几年前如果你有一个不错的IT项目,大概风险投资商早就会主动来找你的。但是今时不同往日,那种可以大把烧钱的好日子已经一去不复返了,今天作为IT经理人的你,也许不得不一眼盯着项目的开支,另一眼还得盯着公司的股价。获取项目赞助的最好方法就是:将你的项目用他们能听懂的方式进行游说,直到他们明白你的意图,并且点头赞同。

在这种经济衰退的大环境下,为了你的IT企业还能生存,IT经理人必须将说话当做一门生意去经营。你曾经丝毫不用发愁开发新项目所需的资金,当时你也许可以嘲笑那些老板,因为他们将C++当做一个音乐符;但是现在正是预算紧张的时候,你必须牢记正是这些不懂专业知识的人在给你投资。因此能将

你的产品推销出去的最佳方式就是：理解那些老板们想要什么，而且你又能给他们什么。

通常做一名成功销售经理都需要将你的IT项目推销给高级的管理层。所以，做好以下六个方面是非常有必要的：

1. 用商业术语来表达你的IT项目

主管人员通常喜欢听一些中规中矩的话，尤其是那些带有强烈金融和经济色彩的名词术语（似乎这给他们一种有关"市场"的暗示），你的报告中最好还充斥着这样的字眼：投资回馈（ROI）、效率、利润，当然还有利益。你必须明白无误地告诉他们你的这项新技术可以节约成本、招揽新的顾客或者能实现其他的商业目标。

2. 利用现有的成就鼓吹新的项目

如果能够证明你的IT项目所具有的价值会在商业某一特定方面充分体现，那么它获得通过的可能性就要大一些。因为当IT项目牵涉到很多的行业时，它必须由几个部门协同合作，那么财政负担就会加大。另外一种策略就是将你的新项目与现有的技术进行对比（尤其是已经取得成功的技术），这可以给高层人士造成一种印象，即你的项目会在已经完成的旧项目的基础上扩大战果。

3. 万事俱备

推销项目的关键在于有效的沟通，你必须给对方以深刻的印象，这意味着提前就得做好一切准备。在做方案论证时，你要准备所有可能会用到的资料，可视化的图表、幻灯片能起到很大作用。最后你还需站在对方的角度上给自己提一些问题，并且准备好答案。这样如果他们真的问到这些问题了，你就可以对答如流了，表现出对于这个新项目，你已经深思熟虑过了，并且可以随时开始运作。

4. 目标明确

切记不要太贪心了，一次会议不需要提太多项目及要求（你也许还想在会上提及加薪提职的事情，一定要克制住自己的欲望）。当推销一个IT项目时，全神贯注地将精力都放在风险投资上。当你所有的陈述都只是围绕着一个目标时，成功的几率就会大得多。

5. 节约成本的措施

通过现有IT项目的价值和回报，你再次肯定IT项目是能创收的，而不只是会烧钱的，这种方式使管理层更加坚定投资IT项目的决心。当然，证明IT项目有价值的最好方式就是提供详细的记录和一些硬性指标，还有节约成本的措施和巨大的回报预期，以证明IT项目还是有发展前景的。

6. 使用激将法

如果以上的方法都失败了，你还可以试着"吓唬"那些主管人员，比如说一说他们行业中的竞争对手，在IT项目中已经走在前面了，而且由此带来的种种可怕的后果。这种方法可是很管用的。

第四节　制定销售项目计划书

计划是行动的开始。销售是行动导向的科学,没有行动计划,就必定没有业绩。要提高行动的效率,前提是要有一个好的销售计划。合理的销售计划是依时、依地、依人、依事而组织的行动过程。

一、应考虑的三个要素

销售人员在作计划前要考虑三个要素:最大化接触客户时间、销售目标、达到目标所需的资源。

1. 最大化接触客户时间

对销售人员来说,能增加接触客户的时间是非常有价值的,销售人员真正和客户面对面的时间非常有限。接触时间的延长有助于让客户更详细了解你和你的产品,也有助于你确认和客户的接触是否有效。

2. 销售目标

目标是企业和你共同确认能够达成的任务,可以分为终极目标和阶段目标。

IT销售过程中,有很多业务不是一次性成功的,需要经过几个回合的接触,并需借助各种销售手段才能成功。阶段性目标是检查销售计划执行状况的重要标志,对于区域销售计划则尤为重要。

除了销售数量、销售金额、销售费用外,企业会要求IT销售人员在销售过程中达到以下目标:

- 更充分了解产品的销售区域;
- 订出区域分管或客户分管的拜访率;
- 维持一定潜在客户的数量;
- 每月新拜访客户及再拜访客户的数量;
- 参加专业训练的次数。

3. 基本能力

要达到销售目标,需要充分了解自己所拥有的资源及其优劣点。下列方面应该是必不可少的:

- 销售产品及IT领域相关知识;
- 价格的权限范围;
- 现有客户的关系;

- 潜在客户的资料量和细致程度；
- 销售区域；
- 销售辅助器材。

二、销售计划

一份好的销售计划，能尽快地在所销售的区域里找到合适的潜在客户，并明确拜访客户的步骤，以达成销售目标。

依计划行事是专业销售人员必备的素质，需要销售人员不断摸索计划的有效性。计划赶不上变化，但专业的销售人员在计划中却能够充分体现这种变化。

刚开始从事业务销售工作的业务新手，不要急于对计划提出过高的要求，按照一定的步骤进行训练，将计划和行程作详细的比较。当具备了一定经验时，销售计划同样可以完美无缺，时间的使用效率自然会大大提高，销售业绩也就不用担心了，一切尽在掌握中。

附：销售项目计划书示例

电脑销售计划书

网上经常在说现在电脑的销售是"卖一台电脑赚一把大葱钱"，这是人们形容微利时代时夸张的一句话。随着家用电脑的价格一再下调，电脑早已经不再是专业人士与有钱家庭的专属，普通家庭拥有一台电脑也不再是什么难事。因此电脑市场的销售一直处于稳步上升的阶段。但是客户虽然在不断增加，电脑公司的竞争也越发加剧。电脑公司的整体利润在明显下滑。电脑市场的蛋糕只有那么大，想瓜分这块蛋糕的人却特别多。作为一家电脑公司，怎么才能在剧烈的市场竞争里守住自己的阵地，抢占最大的份额呢？我们试着分析以下几点：

（一）经营思路的分析

电脑市场销售目前的两个疑惑：

困惑一：规模越大、风险越大。首当其冲的困惑来源于对经营的思考：在现有利润条件下，谁经营的规模越大、代理的产品越多，谁的日子就越难过。一个明显的例子是：一家在多个电脑城设有面门、代理主流主板、显示器的电脑公司老总，却在羡慕一家只在一个电脑城开有门面、没代理任何产品、仅靠"炒货"装机的电脑公司。个中原因是：面对竞争产品的丰富多样化，代理商为推动分销商完成销售，忍痛让利代理产品，同样装一台电脑，代理商与分销商双方在报价上已没有太大差别，利润率也几乎没有差别，但代理商还得比分销商多承担运输、人工、售后服务费用，占用大量资金。如此一来，在微利时代，小公司日子反而好过于大公司。

困惑二：技术爆炸扼杀高价机市场。以装机为主的××电脑公司为例，从今年初至今，只接到一台装机单价过万元的单子，其余客户装机大多选择在3 000～6 000元的价位。究其原因：在电脑技术爆炸的今天，低端家用电脑与高端电脑在实际运用中已无太大差别，讲求实用的购机心理已经替代买高价机、追潮流的购机心理，高端机带来的高利润已经被电脑技术的爆炸式升级给扼杀。

但是这样的困惑是正确的吗？显然以上的两个疑惑是建立在销售基础没有持续发展的基础上的。无论什么商品都有微利时期的到来（比如现在的空调、彩电背投等）。随着单台利润下降，我们只有用销售量来填充，全力扩展销售市场加大市场占有份额。

(二)电脑公司的销售分析

电脑公司的销售模式分以下两种：

1. 守株待兔法，有客人来了就马上招呼谈单。基本上电脑公司都采用这一模式。

2. 主动出击上门服务。电脑公司在向商务公司推销商务电脑时常用这招，但是并没有什么具体计划或者规律性，感觉很被动。而家用电脑的推销就更没有计划性了，最多也就是在学校搞搞活动，因为他们很难发现可以上门服务的目标群。

3. 创造性销售。帮助顾客找寻需求，自己创造买点，创造顾客。

(三)电脑客户种类

电脑的销售客户有两种：

1. 商务电脑，对象是学校党政机关等单位（包含网吧）。

2. 家用电脑，对象是私人家庭。

随着市场的日益成熟，商务电脑的销售慢慢流向于较为合理的竞争。在品牌与服务的基础上，有时候还需要一定的关系。但主要需求是营销人员快速的信息回馈，还有平常与各相关部门信息主管的良好沟通。

家用电脑是电脑公司平常销售业绩的最好证明。家用电脑的顾客可以大致归纳为以下三种：

1. 第一次给家庭添置计算机的人。这样的人往往没有自信心，会找熟人帮忙，或者请对电脑比较熟悉的朋友来帮忙选购。他们关注的往往是价格和售后服务。最容易受朋友的影响。

2. 准备给计算机升级的人。这样的人爱跑熟店，关注的依然是价格和质量。

3. 1998年到2001年购买电脑的老客户。现在已经到了该换机的时候了。他们的消费相当理性而聪明。因为使用电脑早，对电脑的知识比较精通。对电脑公司比较看重的是产品质量与相关服务。这样的客人比较难缠，但他们却是电脑公司应该最为看重的一群。

我们曾经做过调查,客户对电脑公司售后服务的满意度很差。一方面是每家电脑公司的客户群体都很分散,而技术人员普遍较少;另外一方面是对老顾客普遍不重视。他们以为电脑不是易耗品,很难重复购买。其实他们往往忽略了一家好的公司想要持续发展和做大,就不再是在销售产品,而是不断地创造顾客。使用过电脑的人往往产生依赖性,一旦他们的电脑过旧或者报废,他们的二次购买率为100%。而通过已经购买过电脑的客户介绍而达成的业务也占了60%之多。口碑宣传是所有广告里最好的,却也是最容易被忽视的。

(四)如何提升电脑公司的销售量

1.确立目标。有了目标才有努力的方向,工作才能做到有的放矢。而目标也可以激发员工的动力与斗志,我们的目标就是把"××公司做成最好的电脑品牌,我们的员工拿电脑行业内最高的工资"。

2.塑造一个团队。现在电脑公司的员工流动性大、稳定性差、缺乏职业规划、缺乏上进心、缺乏团队合作精神,他们对一般工作能够适应,却很难适应更高层次的工作。但是销售不再是需要个人英雄的时代,我们更加看重的是集体的力量。一个团队的战斗力取决每个成员的态度。因此我们认为一个销售团队应该充分沟通,统一思想。当然更加重要的是一个团队如果没有共同的利益是不行的。打造一支过硬的销售队伍是电脑公司走向成功的第一步。

3.创建销售平台。有条理地建立营销档案,理顺关系网络。打造自己的信息网络(主要针对商务销售)。

4.配合厂家加大宣传力度。狠挖代理厂家的资源,针对性地利用各种广告手段增加××公司的知名度和美誉度。

5.推出自己独有的销售理念。靠给自己的电脑产品增加附加值来吸引顾客和战胜对手。我们推出的口号就是:"我们打价值战,而不是打价格战。"

6.主动出击,把销售战场摆到顾客门前去。不间断地在外面搞促销活动,可以加深公司在人们心中的印象,在提高知名度的同时又可以扩大销售量。

7.搞好同行关系,加大批发出货。我们一直认为同行不是冤家,因为我们共同抚育这个市场,我们共同努力让消费者接受电脑、使用电脑。在这样的心态下,我们用自己的服务,与优秀的销售团队来竞争,同时加大同行帮助我们销售产品的量。不与同行沟通的企业是永远无法完成自身超越的,知己知彼方能百战百胜。

第六章 创建优秀的 IT 技术服务团队

第一节 IT 技术服务概述

一、IT 技术服务

技术服务是指为使机械工业产品在安装、调试和运行中保持良好的技术状态,由产品制造企业向用户提供各项组织措施和技术措施的服务。技术服务是现代工业经营管理的一个重要环节,它有利于用户提高使用机械产品的技术经济效果,也有利于企业本身提高产品质量和改进产品结构,并为扩大市场销售等经营决策提供依据。

对应地,IT 技术服务是指为使 IT 产品在安装、调试和运行中保持良好的技术状态,由 IT 产品制造企业向用户提供各项组织措施和技术措施的服务。

二、IT 技术服务的主要内容

目前 IT 技术服务主要包括软件开发外包服务、技术培训服务、外包与管理服务、系统集成与网络集成、业务流程外包服务(BPO)、硬件及软件支持服务、咨询服务等。具体来说,IT 技术服务应包含以下七方面内容:

1. 信息服务

技术服务组织应与有代表性的用户建立长期、稳定的联系,及时取得用户对产品的各种意见和要求,指导用户正确使用和保养产品。

2. 安装调试服务

根据用户要求在现场(或指导用户)进行 IT 产品的安装调试工作。

3. 维修服务

维修服务一般分为定期与不定期两类。定期技术维修是按产品维修计划和服务项目所规定的维修类别进行的服务工作;不定期维修是指 IT 产品在运输和使用过程中由于偶然事故而需要提供的维修服务。

4. 供应服务

向用户提供 IT 产品的有关备品配件和易损件。

5. 检测服务

为使 IT 产品能按设计规定有效运转所进行的测试、检查、监控工作,以及所需要的专用仪器仪表装置。由于检测服务的工作量日益繁重,各种专用仪表也日益增多,检测服务趋向于建立各种综合性或专业性的测试中心。

6. 技术文献服务

向用户提供 IT 产品说明书、使用说明书、维修手册以及易损件、备件设计资料等有关技术文件。

7. 培训服务

为用户培训操作和维修人员。培训内容主要是讲解 IT 产品工作原理,帮助用户掌握操作技术和维护保养常识等,有时还可在产品的模拟器或实物上进行实际的操作训练。

三、IT 技术服务基本原则

在技术服务期间,除了热心与热情之外,还需通过专业的礼仪培训,才能较好地完成各项服务工作。在服务礼仪中,有一些具有普遍性、共同性、指导性的礼仪规律。这些礼仪规律,即礼仪的原则。掌握礼仪的原则很重要,它是 IT 技术服务人员提供服务时重要的指导思想。

1. 尊重的原则

孔子说:"礼者,敬人也。"这是对礼仪的核心思想高度的概括。所谓"尊重的原则",就是要求我们在服务过程中,要将对客人的重视、恭敬、友好放在第一位,这是礼仪的重点与核心。因此在服务过程中,首要的原则就是敬人之心常存,掌握了这一点,就等于掌握了礼仪的灵魂。在人际交往中,只要不失敬人之心,哪怕具体做法一时失当,也容易获得服务对象的谅解。

2. 真诚的原则

服务礼仪所讲的真诚的原则,就是要求在服务过程中,必须待人以诚。只有如此,才能表达对客人的尊敬与友好,才会更好地被对方所理解接受。与此相反,倘若仅把礼仪作为一种道具和伪装,在具体操作礼仪规范时口是心非、言行不一,则是有悖于礼仪的基本宗旨的。

3. 宽容的原则

宽容的原则的基本含义,是要求我们在提供服务的过程中,既要严于律己,更要宽以待人。要多体谅他人,多理解他人,学会与服务对象进行心理换位,而千万不要求全责备,咄咄逼人。这实际上也是尊重对方的一个主要表现。

4.从俗的原则

由于国情、民族、文化背景的不同,在人际交往中,实际上存在着"十里不同风,百里不同俗"的现象。这就要求技术服务人员在工作中,对本国各民族或外国的礼仪文化、礼仪风俗以及宗教禁忌要有全面、准确的了解,才能够在服务过程中得心应手,避免出现差错。

5.适度的原则

适度的原则的含义,是要求应用礼仪时,为了取得成效,必须注意技巧,合乎规范,特别要注意做到把握分寸,认真得体,因为凡事过犹不及。假如做得过了头或者做得不到位,都不能正确地表达自己的自律、敬人之意。

第二节　IT技术服务人员的基本素质

一、与IT其他从业人员的区别

IT服务行业与IT其他从业人员的不同主要体现在:传统IT行业以工程项目为主业,向用户提供的服务主要是项目实施过程中的安装、调试、开发以及售后支持。从业人员一般是具有一定专业技能的人员,工作对象一般是各类专业设备,对于专业技能的要求较高。IT服务行业则主要以提供IT系统的运维服务为主,从业人员除了需要具有相应的专业技能以外,还需要具有服务行业人员的意识和素质。

这种区别可以以驻点工程师这个岗位为例说明:"驻点工程师"顾名思义,就是驻扎在客户工作场地中的IT服务公司的工程师,其工作岗位的特殊性在于,他的主要工作地点和工作环境都与用户在一起,直接面对用户提供服务而不是在自己公司或者施工现场为用户提供服务。这就决定了这个工作岗位所要求的职业素质和技能与传统IT工程师有所不同。

二、IT服务人员的基本素质

IT服务人员不仅要具备传统的IT职业人员的素养,同时还应兼具服务人员的职业素质要求。

1.传统IT人员职业素质要求

(1)学习理解能力。IT行业的发展速度非常快,技术更新换代频繁。作为从业人员,必须具备良好的学习能力才能及时跟上行业的发展变化。

(2)解决问题能力。这个能力主要是体现从业人员对于自身知识的理解程度和运用的熟练程度。如果仅仅是有丰富的知识,但是无法将之应用到实际的工作中去,就无法快速、准确地解决问题。

另外,传统IT从业人员还需要具备一些如团队合作、沟通、责任感等基本的职业素质。

2. IT服务人员的职业素质要求

除了以上传统IT从业人员的职业素质以外,对于IT服务人员来说,更为重要的是一些服务性的职业素质,主要有:

(1)沟通能力。对于IT服务人员而言,沟通是放在首位的能力。由于工作环境就是用户的工作环境,并且直接面对用户提供服务,因此,良好的沟通能力是必需的。只有与用户建立起良好的沟通渠道,才能更加快捷、直接地针对问题进行处理和解决;大大减少由用户带来的各类非技术性因素的影响,从而提高服务的质量。

(2)主动性。对于IT服务工作而言,工作的主动与否是非常重要的。服务工作中非常重要的一点是"防患于未然",只有在日常的工作中主动地去发现问题,解决问题,做好各类故障的预防工作,才能尽量减少可能的故障,降低常见故障的发生几率,并在出现故障时可以快速解决。另外,工作的主动也是建立良好形象的有效手段。站在用户的角度出发,想用户所想,急用户所急,可以有效地拉近与用户的距离。

(3)踏实。随着用户业务的发展,IT系统与用户业务系统的结合会越来越紧密,IT系统故障对业务系统的影响也会越来越大。因此,面对任何问题都不能马虎,必须踏踏实实对待。在解决问题的过程中,随时考虑到可能造成的影响,并采取措施将影响降到最低。另外,IT服务工作中重复性的工作占了非常大的比重,如果因为是自己做熟了的工作就掉以轻心,很可能会出现工作中的失误,导致故障甚至事故的发生。

(4)责任感。对自己负责,对公司负责,对客户负责。只有树立高度的责任感,IT服务人员才能真正站在用户的立场上考虑问题,才能真正地在工作中用心地解决问题,提供给用户更好的服务。

(5)应变能力。IT故障有时候是突发性的、大面积的。面对这些故障,IT服务人员必须做到沉着冷静、不急不躁,必须具有良好的应变能力,才能处理好这类故障。

(6)平和的心态。在IT服务中,特别是低端服务中,其工作特点是工作强度大,重复性工作多,工作人员地位较低,回报较低。但是,这类工作往往又直接面对最终用户。因此要求IT服务人员具有平和的心态,充分认识到工作的重要性,在工作中耐心、冷静。另外,正是由于这类工作,提供了大量与用户直接接触的机会,IT服务人员可以借此锻炼自己的沟通能力,建立与用户良好的人际关系,同时磨炼自己的专业技能,为自身技术和素质的提升打下良好的基础。

三、IT服务人员的技能要求

1. 与传统IT人员的技能要求的区别

相对于传统IT从业人员的技能要求来说,IT服务行业提出了更高的要求。传统IT行业中,工程人员一般按照设备种类划分,例如分为网络工程师、主机工程师、布线工程师、开发工程师等。以这种划分,工程师的技能要求比较单一,只需要掌握本专业内的技能就可以了,可以说是专而精的要求。

对于IT服务人员来讲,所面对的一般是用户的比较全面、复杂的应用以及业务系统,在这些系统中所涉及的技术往往包括IT技术的各个方面。如一个基本的OA系统中就可能涉及网络、主机、客户端浏览器、数据库等方面的知识,这对服务人员的学习理解能力提出了一定的要求,要求其能够全面地学习和理解IT各方面的知识,建立起一个立体全面系统的知识架构。

2. IT服务人员的技能要求分类

IT服务人员的技能要求一般可以按照服务项目进行分类:

(1)桌面服务的技能要求:虽然桌面服务的技术层次比较低,但是并不意味着需要掌握的技能低。对于桌面服务而言,服务的设备主体是桌面PC及其外围辅助设备。因此,桌面服务驻点人员的技能要求核心是掌握PC的技能,必须熟悉PC的硬件、软件架构,熟悉PC各类核心硬件的功能,能够熟练地独自拼装PC,能够安装PC的操作系统和各类应用软件;能够熟练连接、安装如打印机、扫描仪等各类常用外围设备;能够配置各类网络参数;能够判断、解决各类PC的软、硬件故障等。

(2)主机类服务的技能要求:主机类服务可以分为PC类主机服务和小型机服务,这两者的要求是不同的。

对于PC类主机的技能要求,除了桌面服务的要求以外,还必须了解PC主机的多CPU体系、多硬盘体系;熟悉服务器级操作系统的各类服务配置,熟悉各类服务器软件的安装配置;熟悉PC主机的软、硬件故障诊断和排除技术。

对于小型机的技能要求就要高许多。由于小型机在硬件架构,特别是软件架构上和人们熟悉的PC有较大的区别,同时复杂程度较高,因此该类服务人员除了熟悉小型机的软硬件架构和日常操作配置以外,还需要掌握一些开发技术。

同时,由于主机系统一般在整个信息系统中处于比较核心的地位,承担许多重要的应用,因此,为了保证主机系统的平稳运行,服务人员还需要了解整个信息系统的结构,在出现故障时可以准确地判断出故障点是主机系统自身的问题还是由于其他系统所引起的。

(3)网络类服务的技能要求:网络设备是信息系统的载体,其涵盖的范围比较广,技术内容多而复杂,对于服务人员的技能要求较高。服务人员除了必须熟悉所服务的网络系统的设备、结构以外,还必须对交换技术、路由技术、安全技术等比较熟悉,能够通过更改设备配置、物理连接来改变、提升和优化网络系统的功能;能够通过系统配置和工具软件来判断、解决网络故障。

第三节　IT 技术服务人员的基本礼仪

由于工作的特殊性,IT 服务人员在工作中除了要遵循一般的 IT 职场个人礼仪,还要遵循一些特殊的技术服务语言规范、行业规范和要求。

一、技术服务语言规范

在具体的服务过程中,技术服务人员还要注意相应的用语规范问题,不能使用不得体的语言,以免使服务双方感到尴尬。因此,了解常用的服务语言是非常有必要的。

1. 常用礼貌用语类型

(1)问候用语。在服务过程中,以下五种情况下必须使用问候语:一是主动服务于他人时;二是他人有求于自己时;三是他人进入自己的服务区域时;四是他人与自己相距很近时;五是自己主动与他人进行联络时。

进行问候,通常应当是相互的。在正常情况下,应当由身份较低之人首先向身份较高之人进行问候。在工作之中,自然应当由技术服务人员首先向服务对象进行问候。

标准式问候用语:常规做法是在问好之前,加上适当的人称代词,或者其他尊称。例如,"你好"、"您好"、"大家好"等。

时效式问候用语:是指在一定的时间范围之内才有作用的问候用语。如,"早安"、"早上好"、"中午好"、"下午好"、"晚上好"、"晚安"等。

(2)迎送用语。欢迎用语:最常用的欢迎用语有"欢迎"、"欢迎光临"、"欢迎您的到来"、"见到您很高兴"、"恭候您的光临"等,往往离不开"欢迎"一词。但在顾客再次到来时,可在欢迎用语之前加上对方的尊称,如"先生,真高兴再次见到您"、"欢迎您再次光临"等,以表明自己尊重对方,使对方产生被重视之感。在使用欢迎用语时,通常应当一并使用问候语,并且在必要时还须同时向被问候者主动施以见面礼,如注目、点头、微笑、鞠躬、握手等等。

送别用语:最为常用的送别用语,主要有"再见"、"慢走"、"走好"、"欢迎再来"、"一路平安"等等。需要注意的是,送别乘飞机的客人忌讳说"一路顺风"。

(3)请托用语。通常指的是在请求他人帮忙或是托付他人代劳时,照例应当使用的专项用语。在工作岗位上,任何服务人员都免不了有求于人。在向顾客提出某项具体要求或请求时,都要加上一个"请"字。

(4)致谢用语。在下列六种情况下,理应及时使用致谢用语,向他人表达本人的感激之意:一是获得他人帮助时;二是得到他人支持时;三是赢得他人理解时;四是感到他人善意时;五是婉言谢绝他人时;六是受到他人赞美时。

(5)征询用语。服务过程中,需向顾客进行征询时,要使用必要的礼貌语言,才会取得良好的反馈。一般有下述五种情况:一是主动提供服务时;二是了解对方需求时;三是给予对方选择时;四是启发对方思路时;五是征求对方意见时。

(6)应答用语。在服务过程中,所使用的应答用语是否规范,往往直接地反映其服务态度、服务技巧和服务质量好坏。

例如,在答复顾客的请求时,常用的应答用语主要有"是的"、"好"、"很高兴能为您服务"、"好的,我明白您的意思"、"我会尽量按照您的要求去做"等等。重要的是,一般不允许对顾客说"不"字,更不允许对其置之不理。

(7)祝贺用语。在服务过程中,有时有必要对顾客适时地使用一些祝贺用语。在不少场合,这么做不但是一种礼貌,而且也是一种人之常情。如:"祝您成功"、"身体健康"、"节日愉快"等。

(8)推托用语。拒绝别人,也是一门艺术。在工作中有时也需要拒绝他人,此时必须语言得体,态度友好,不能直言"不知道"、"做不到"、"不归我管"、"问别人去"等。

(9)道歉用语。当我们的服务不到位或出现差错时,应真诚地向顾客道歉。常用的道歉用语主要有:"抱歉"、"对不起"、"请原谅"等等。

2.文明用语规范

在服务中,尽量多用雅语,即用词用语要力求谦恭、敬人、高雅,忌粗话、脏话、黑话、怪话与废话,以展示志愿者良好的教养。

3.服务忌语

技术人员在服务过程中必须杜绝以下四类服务忌语。

(1)不尊重之语。如触犯了服务对象的个人忌讳,尤其是与其身体条件、健康条件方面相关的某些忌讳。如,面对残疾人时,切忌使用"残废"、"瞎子"、"聋子"等词;对体胖之人的"肥",个矮之人的"矮",都不应当直言不讳。

(2)不友好之语。即不能使用不够友善甚至满怀敌意的语言。

(3)不耐烦之语。技术人员在接待工作中要表现出应有的热情与足够的耐心，要努力做到：有问必答，答必尽心；百问不烦，百答不厌；不分对象，始终如一。假如使用了不耐烦之语，不论自己的初衷是什么，都是属于不礼貌的。

(4)不客气之语。如在劝阻服务对象不要动手乱摸乱碰时，不能够说："别乱动"、"弄坏了你得赔"等。

二、上门服务规范

技术人员在上门服务过程中要遵循以下规范：

1. 上门之前要联系

(1)应主动与用户联系约定上门服务时间。

(2)电话联系用户使用标准问候语"您好，我是××服务×××……"

(3)电话结束时使用标准问候语向用户道别"打扰您了，我们会准时为您提供服务"。

(4)推迟约定半天内的，需要提前30分钟与用户联系并致歉，重新确定到达时间。

(5)推迟约定半天外的，需要提前4小时与用户联系并致歉，重新确定到达时间。

2. 出发之前要检查

检查工具包内维修工具、零件盒和维修耗材是否齐全。

(1)检查清洁用品和鞋套是否齐全。

(2)检查备件是否齐全。

(3)检查维修单、软件收费单和留言条是否齐全。

(4)检查发票是否齐全。

(5)检查名片、服装和胸卡是否齐全。

3. 服务过程要标准

(1)轻敲房门三下或轻触门铃一下。

(2)用户无响应，按照上述动作再次操作。如果用户不在，需要在用户处留下留言条，告知用户你到达时间和用户回来与维修站联系的方法。

(3)进门前，主动问候并自我介绍："您好，我是××服务×××。"同时向用户出示胸卡，右手持胸卡有照片的一面朝用户展示，时间不少于2秒。

(4)在征得用户同意后方可进入用户家或办公室，针对消费用户或现场需要，应穿上鞋套保持地面清洁。

(5)检查故障机器，复现故障现象时，向用户解释故障所发生的原因，说明准备采用的维修方法。

(6)填写维修单，对于涉及硬盘的操作必须询问用户是否需要备份数据，同时请用户在维修单上签字确认(故障机外观和配置与标准有差异的情况,同样需要用户签字确认)。

(7)在打开相应产品前需征得用户同意,方可进行操作。

(8)在维修过程中工具、备件、故障机摆放有序、整齐,螺丝和小配件装入统一的零件盒内。

(9)维修时拆卸、放置、安装任何物品,都需要轻拿轻放。

(10)维修完成后,必须当用户面复验机器,确认原故障排除和新更换部件的正常使用,并恢复到维修前的状态。

4. 结束服务要道别

(1)清理维修现场,保持整齐干净,并帮用户恢复现场初始状态。

(2)告知用户一些产品的基本自我维护常识和使用技能,传授注意事项。

(3)请用户在维修单签名处签字并留下客户联给用户,同时使用标准用语询问用户:"您好,您还有什么需求吗?"

(4)告别用户时留下名片并使用标准用语:"对不起,给您添麻烦了!今后您有什么服务要求,请和我们联系……再见。"

三、送修服务规范

技术人员在送修服务过程中要遵循以下规范:

1. 技术服务人际距离

(1)直接服务距离:技术服务人员为对方直接提供服务时,根据具体情况确定与服务对象的距离,一般以0.5m至1.5m为宜。

(2)展示距离:技术服务人员为服务对象进行操作示范时,服务人际距离以1m至3m为宜。

(3)引导距离:技术服务人员为服务对象引导带路时,一般行进在服务对象左前方1.5m左右最为合适。

(4)待命距离:技术服务人员在服务对象未要求提供服务时,应与对方自觉保持3m以上距离。

2. 用户送修主动接待

(1)迎接客户,面带微笑主动为客户开门。

(2)用户进入接待区,应主动同用户打招呼并介绍自己:"您好!我是工程师×××……"

(3)主动接过用户送修的IT产品,搬动时应轻拿轻放。

3. 咨询验机主动耐心

(1)主动询问客户产品故障情况和故障现象。

(2)初步判断故障原因,主动告知客户故障机可能存在的问题。

(3)主动介绍报修服务政策、收费标准等。

4.用户等待主动服务

(1)用户等待维修时,主动为用户倒水。

(2)等待维修期间主动告知客户预计修复时间,预计修复时间超过两个小时建议客户产品留在站内维修。

(3)由于技术等其他原因维修等待过长或当日不能修复,应告知客户维修进展状况或不能立即修复原因,并建议留在站内维修。

5.故障修复主动讲解

(1)主动为客户修复的故障产品清洁内部和表面灰尘和污垢。

(2)修复后主动检验故障修复情况,须由客户认可。

(3)机器修复后主动讲解故障现象及可能导致的原因。

(4)根据客户使用水平主动讲解适用客户的使用常识和注意事项。

(5)主动介绍、指导使用小技巧。

(6)主动填写和打印维修单,并请用户签字。

6.送走客户主动礼貌

(1)主动留给客户工程师名片:"您好!这是我的名片,如果您对本次服务有和意见或仍需要我们服务,请随时拨打××××××××××。"

(2)主动开门送用户出门:"对不起,给您添麻烦了。"

(3)主动帮助客户搬送机器到门口或用户车内(如用户需要的士,帮助叫车)。

第四节　签订技术服务合同

一、什么是技术服务合同

技术服务合同是指当事人一方以知识为另一方解决特定技术问题所订立的合同。

技术服务合同具有以下特征:第一,合同标的是解决特定技术问题的项目;第二,履行方式是完成约定的专业技术工作;第三,工作成果有具体的质量和数量指标;第四,有关专业技术知识的传递不涉及专利和技术秘密成果的权属问题。

二、技术服务合同样本

技术服务合同

甲方： 乙方：
地址： 地址：
邮编： 邮编：
电话： 电话：
法定代表人（委托代理人）： 法定代表人（委托代理人）：
开户行： 开户行：
账户： 账户：

甲乙双方为携手合作，促进发展，满足利益，明确责任，依据中华人民共和国有关法律之相关规定，本着诚实信用、互惠互利原则，结合双方实际，协商一致，特签订本合同，以求共同恪守：

第一条：服务内容、方式和要求：

（属技术培训合同应当填写培训内容和要求、培训计划、进度；属技术中介合同应当填写中介内容和要求）

第二条：工作条件和协作事项：

第三条：履行期限、地点和方式：

第四条：验收标准和方法：

技术服务或者技术培训按　　　标准，采用　　方式验收，由　　方出具服务或者培训项目验收证明。

本合同服务项目的保证期为　　　　　。在保证期内发现服务质量缺陷的，服务方应当负责返工或者采取补救措施。但因委托方使用、保管不当引起的问题除外。

第五条：报酬及其支付方式：

一、本项目报酬（服务费或培训费）：　　　　元。

服务方完成专业技术工作，解决技术问题需要的经费，由　　　方负担。

二、本项目中介方活动经费为：　　　元，由　　方负担。中介方的报酬为：　　元，由　　方支付。

三、支付方式（按以下第　　种方式）：

1. 一次总付：　　元，时间
2. 分期支付：　　元，时间
3. 其他方式：　　元，时间

第六条：违约金或者损失赔偿额的计算方法：

违反本合同约定,违约方应当按技术合同法实施条例第九十八条、第九十九条规定,承担违约责任。

技术违反本合同约定,违约方应当按技术合同法实施条例第一百零五条、第一百零六条规定,承担违约责任。

技术中介违反本合同约定,违约方应按技术合同法实施条例第一百一十二条、第一百一十三条、第一百一十四条规定,承担违约责任。

一、违反本合同第　　条约定,　方应当承担违约责任,承担方式和违约金额如下:

二、违反本合同第　　条约定,　方应当承担违约责任,承担方式和违约金额如下:

第七条、争议的解决办法:

在本合同履行过程中发生争议,双方应当协商解决,也可以请求　　进行调解。

当事人不愿协商、调解解决或者协商、调解不成的,双方商定,采用以下第　种方式解决。

一、因本合同所发生的任何争议,申请　　仲裁委员会仲裁;

二、按司法程序解决。

第八条:其他(含中介方的权利、义务、服务费及其支付方式、定金、财产抵押、担保等上述条款未尽事宜):

甲方签约:　　　　　　　　　　　　　　乙方签约:

签约日期:　　　　　　　　　　　　　　签约日期:

第七章　招标与投标

第一节　招标、投标与招标方式

一、招标

招标(Invitation to Tender)是指招标人(买方)发出招标通知,说明采购的商品名称、规格、数量及其他条件,邀请投标人(卖方)在规定的时间、地点,按照一定的程序进行投标的行为。

二、投标

投标(Submission of Tender)是与"招标"相对应的概念,它是指投标人应招标人的邀请或投标人满足招标人最低资质要求而主动申请,按照招标的要求和条件,在规定的时间内向招标人递价,争取中标的行为。

三、招标方式

招标分为公开招标和邀请招标。

公开招标,又叫"竞争性招标",是招标人通过招标公告的方式邀请不特定的法人或者其他组织投标。即由招标人在报刊、电子网络或其他媒体上刊登招标公告,吸引众多企业单位参加投标竞争,招标人从中择优选择中标单位的招标方式。按照竞争程度,公开招标可分为国际竞争性招标和国内竞争性招标。

邀请招标,也称为"有限竞争招标",是指招标人以投标邀请的方式邀请特定的法人或其他组织投标。即由招标人选择若干供应商或承包商,向其发出投标邀请,由被邀请的供应商、承包商投标竞争,从中选定中标者的招标方式。

邀请招标的特点是:(1)邀请投标不使用公开的公告形式;(2)接受邀请的单

位才是合格投标人;(3)投标人的数量有限。

第二节　招标公告与投标邀请书

一、招标公告

《招标投标法》第 16 条第 1 款规定:"招标人采用公开招标方式的,应当发布招标公告。依法必须进行招标的项目的招标公告,应当通过国家指定的报刊、信息网络或其他媒介发布。""招标公告应当载明招标人的名称和地址、招标项目的性质、数量、实施地点和时间以及获取招标文件的办法等事项。"招标公告内容应当真实、准确和完整。招标公告一经发出即构成招标活动的邀约邀请,招标人不得随意更改。招标公告基本内容包括:

(1)招标条件,包括招标项目、项目审核或备案机关名称、资金来源、简要技术要求以及招标人的名称等。

(2)招标项目的规模、招标范围、标段或标包的划分或数量。

(3)招标项目的实施地点、交货或服务点。

(4)招标项目的实施时间,即工程施工工期、货物交货期或提供服务时间等。

(5)对投标人或供应商或服务商的资质等级与资格要求。

(6)获取招标文件的时间、地点、方式及招标文件售价。

(7)递交投标文件的地点和投标截止日期。

(8)联系方式,包括招标人、招标或采购代理机构项目联系人的名称、地址、电传网开户银行等联系方式。

(9)其他。

二、投标邀请书

按照《招标投标法》第 17 条规定:"招标人采用邀请招标方式的,应当向三个以上具备承担项目的能力、资信良好的待定的法人或者其他组织发出投标邀请书。"

投标邀请书的内容和招标公告的内容基本一致,只需增加要求潜在投标人确认是否收到了投标邀请书的内容。如《标准施工招标文件》中关于"投标邀请书"的条款,就专门要求潜在投标人在规定时间以前,用传真或快递方式向招标人确认是否收到了投标邀请书。

第三节 投标文件

一、投标文件的构成

《招标投标法》第27、30条对投标文件进行了规定,投标人应当按照招标文件的要求编制投标义件。投标文件应当对招标文件提出的实质性要求和条件作出响应。招标项目属于建设施工的,投标文件的内容应当包括拟派出的项目负责人与主要技术人员的简历、业绩和拟用于完成招标项目的机械设备等。投标人根据招标文件载明的项目实际情况,拟在中标后将中标项目的部分非主体、非关键性工作进行分包的,应当在投标文件中载明。

按此原则,国务院有关部门对不同类型项目的投标文件内容及构成进行了具体规定。

1. 工程建设施工项目

按照《工程建设项目施工招标投标办法》第36条的规定,工程建设项目施工投标文件的构成一般包括:

投标函;

投标报价;

施工组织设计;

商务和技术偏差表。

2. 工程建设货物项目

根据《工程建设项目货物招标投标办法》第33条的规定,工程建设货物项目的投标文件一般包括:

投标函;

投标一览表;

技术性能参数的详细描述;

商务和技术偏差表;

投标保证金;

有关资格证明文件;

招标文件要求的其他内容。

3. 机电产品国际招标项目

《机电产品采购国际竞争性招标文件》中规定,机电产品国际招标项目的投标文件一般包括:

投标书、投标分项报价表以及唱标使用的、单独密封的开标一览表；

资格证明文件，证明投标人是合格的，而且中标后有能力履行合同；

投标货物的证明文件，证明投标人提供的货物及服务是合格的，且符合招标文件规定；

按照规定提交的投标保证金。

4. 建筑工程项目

建筑工程方案设计投标文件一般包括商务文件和技术文件。《建筑工程方案设计招标投标管理办法》第17条规定："对政府或国有资金投资的大型公共建筑工程项目，招标人应当在招标文件中明确参与投标的设计方案必须包括有关使用功能、建筑节能、工程造价、运营成本等方面的专题报告。"

5. 政府采购货物和服务项目

《政府采购货物和服务投标管理办法》第30条规定，政府采购货物和服务项目的投标文件一般"由商务部分、技术部分、价格部分和其他部分组成"。

二、投标文件的编制

《招标投标法》第27条明确规定："投标人应当按照招标文件的要求编制投标文件。投标文件应当对招标文件提出的实质性要求和条件作出响应。"

招标文件通常对投标文件的编制规定具体要求，不同类型的项目，其使用的招标文件标准文本对此的相关要求也有所区别。

1. 工程施工项目

《标准施工招标文件》中规定有关投标文件的内容，主要有投标文件的组成、投标报价、投标有效期、投标保证金、资格审查资料、被选投标方案、投标文件的编制、投标文件格式要求等。

2. 机电产品国际招标项目

《机电产品采购国际竞争性招标文件》中规定有关投标文件的内容主要有：投标的语言、投标文件构成、投标文件的编写、投标报价、投标货币、证明投标人合格和资格的文件、证明货物的合格性和符合招标文件规定的文件、投标保证金、投标有效期、投标文件的式样和签署、投标文件格式等。

投标文件应当对招标文件提出的实质性要求和条件做出响应，不能满足任何一项实质性要求的投标文件将被拒绝。实质性要求和条件是指招标文件中有关招标项目的价格、项目计划、技术规范、合同的主要条款等。因此，响应招标文件的要求是投标文件编制的基本前提。投标人应认真研究、正确理解招标文件的全部内容，并按要求编制投标文件。

三、投标文件的密封与标记

1. 工程施工项目

《标准施工招标文件》中对"投标文件的密封和标记"的规定主要有：投标文件的正本与副本分开包装，加贴封条，并在封套的封口处加盖投标人单位章。投标文件的封套上应清楚地标记"正本"或"副本"字样，封套上应写明规定的其他内容；未按规定要求密封和加写标记的投标文件，招标人不予受理。

对于投标人修改投标文件，《工程建设项目施工招标投标办法》第39条和《工程建设项目货物招标投标办法》第35条规定，投标人修改其投标文件的，应书面通知招标人。《标准施工招标文件》中规定，书面通知应按照招标文件要求签字或盖章，修改的投标文件还应按照招标文件规定进行编制、密封、标记和递交，并标明"修改"字样。

2. 机电产品国际招标项目

《机电产品采购国际竞争性招标文件》中对"投标文件的密封和标记"的有关规定主要包括：

（1）投标文件应包括开标一览表。为方便开标时唱标，投标人还应将开标一览表和投标保证金单独密封提交，并在信封上标明"开标一览表"字样。投标人应将投标文件正本和所有的副本分开密封装在单独的信封中，且在信封上标明"正本"、"副本"字样。然后再将所有信封封装在一个外层信封中。

（2）内外层信封均应做到：①清楚标明递交至招标文件中指明的地址；②注明项目名称、投标邀请的标题、编号和"在（开标日期和时间）之前不得启封"的字样，并填入招标文件规定的开标时间。

（3）内层信封应写明投标人名称和地址，以便将迟交的投标文件原封退回。

（4）如果外层信封未按要求加写标记和密封，招标机构对误投或提前启封概不负责。

投标人修改投标文件也应按规定密封、标记。

无论是工程施工招标、机电产品国际招标还是其他类型的招标，除遵循国家对投标文件及其修改的密封与标记作出的规定外，招标文件还可以根据具体需要增加其他密封和标记要求，投标人在投标文件编制时也应加以注意。

四、投标文件的送达与签收

《招标投标法》第28条规定："投标人应当在招标文件要求提交投标文件的截止时间前，将投标文件送达投标地点。招标人收到投标文件后，应当签收保存，不得开启。""在投标文件要求提交投标文件的截止时间后送达的投标文件，招标人应当拒收。"

1. 投标文件的送达

对于投标文件的送达,应注意以下几个问题:

(1)投标文件的提交截止时间。招标文件中通常会明确规定投标文件提交的时间,投标文件必须在招标文件规定的投标截止时间之前送达。

(2)投标文件的送达方式。投标人递送投标文件的方式可以是直接送达,即投标人派授权代表直接将投标文件按照规定的时间和地点送达;也可以通过邮寄方式送达,邮寄方式送达应以招标人实际收到的时间为准,而不是以"邮戳为准"。

(3)投标文件的送达地点。投标人应严格按照招标文件规定的地址送达,特别是采用邮寄送达方式时。投标人因为地点发送错误而逾期送达投标文件的,将被招标人拒绝接受。

2. 投标文件的签收

投标文件在招标文件的规定时间内送达后,招标人应签收保存。《工程建设项目施工招标投标办法》第38条和《工程建设项目货物招标投标办法》第34条均规定:"招标人在收到投标文件后,应当向投标人出具标明签收人和签收时间的凭证,在开标前任何单位和个人不得开启投标文件。"

《政府采购货物和服务招标投标管理办法》第31条规定:"招标采购单位收到投标文件后,应当签收保存,任何单位和个人不得在开标前开启投标文件。"

3. 投标文件的拒收

如果投标文件没有按照招标文件要求送达,招标人可以拒绝受理。

对于工程建设项目,《工程建设项目施工招标投标办法》第50条和《工程建设项目货物招标投标办法》第41条均规定:"投标文件有下列情形之一的,招标人不予受理:(一)逾期送达的或者未送达指定地点的;(二)未按招标文件要求密封的。"

对于机电产品国际招标项目,除了在规定的投标截止时间之前提交投标文件之外,《机电产品国际招标投标实施办法》第30条还规定,投标人在规定投标截止时间前,还应当在中国国际招标网上进行免费注册,否则投标人将不能有效地进入招标程序。

对于政府采购项目,《政府采购货物和服务招标投标管理办法》第31条规定:"在招标文件要求提交投标文件的截止时间后送达的投标文件,为无效投标文件,招标采购单位应当拒收。"

第四节 投标保证金

投标保证金,是指为了避免因投标人投标后随意撤回、撤销投标或随意变更应承担相应的义务给招标人和招标代理机构造成损失,要求投标人提交的担保。

一、投标保证金的提交

投标人在提交投标文件的同时,应按照招标文件规定的金额、形式、时间向招标人提交投标保证金,并作为其投标文件的一部分。

投标保证金的提交,一般应注意以下几个问题:

(1)投标保证金是投标文件的必须要件,是招标文件的实质性要求,投标保证金不足、无效、迟交、有效期不足或者形式不符合招标文件要求等情形,均将构成实质性不响应而被拒绝或废标。

(2)对于工程货物招标项目,根据《工程建设项目货物招标投标办法》第27条的规定:"招标人可以在招标文件中要求投标人以自己的名义提交投标保证金。"

(3)对于联合体形式投标的,投标保证金可以由联合体各方共同提交或由联合体中的一方提交。以联合体中一方提交投标保证金的,对联合体各方均具有约束力。

(4)投标保证金作为投标文件的有效组成部分,其递交的时间应与投标文件的提交时间要求一致,即在投标文件提交截止时间之前送达。投标保证金送达的含义根据投标保证金形式而异,通过电汇、转账、电子汇兑等形式的应以款项实际到账时间作为送达时间,以现金或见票即付的票据形式提交的则以实际交付时间作为送达时间。

二、投标保证金的形式

投标保证金的形式一般有:银行保函或不可撤销的信用证;保兑支票;银行汇票;现金支票;现金;招标文件中规定的其他形式。在招标投标实践中,招标人可以在法律法规允许保证金形式之外,规定其他可接受的形式,如银行电汇或电子汇兑等。

目前,对于不同类别的招标项目,投标保证金的形式也不尽相同。

1. 工程建设项目

《工程建设项目施工招标投标办法》第37条、《工程建设项目货物招标投标办法》第27条均规定,投标保证金除现金外,可以是银行出具的银行保函、保兑支票、银行汇票或现金支票,也可以是招标人认可的其他合法担保形式。

2. 机电产品国际招标项目

《机电产品采购国际竞争性招标文件》规定,投标保证金可采用:银行保函或不可撤销信用证；银行本票、即期汇票、保兑支票或现金；招标文件规定的其他形式。

3. 政府采购项目

《政府采购货物和服务招标投标管理办法》第 36 条规定，投标保证金可以采用现金支票、银行汇票、银行保函等形式交纳。

三、投标保证金的有效期

投标保证金的有效期通常自投标文件提交截止时间之前，保证金实际提交之日起开始计算，投标保证金的有限期限应覆盖或超出投标有效期。从投标保证金的用途可以看出，其有效期原则上不应少于规定的投标有效期。不同类型的招标项目，对投标保证金有效期的规定各不相同。在招标投标实践中，应根据招标项目类型，按照其适用的法规来确定投标保证金的有效期。

《工程建设项目施工招标投标办法》第 37 条规定，投标保证金有效期应当超出投标有效期 30 天。《工程建设项目货物招标投标办法》第 27 条规定，投标保证金有效期应当与投标有效期一致。

四、投标保证金的金额

投标保证金的金额通常有相对比例金额和固定金额两种方式。相对比例是取投标总价作为计算基数。为避免招标人设置过高的保证金额度，不同类型招标项目对投标保证金的最高额度均有相关规定。

1. 工程建设项目

《工程建设项目施工招标投标办法》和《工程建设项目货物招标投标办法》均规定，投标保证金一般不超过投标总价的 2%，最高不得超过 80 万人民币。

2. 工程勘察设计项目

《工程建设项目勘察设计招标投标办法》第 24 条规定，招标文件要求投标人提交投标保证金的，保证金数额一般不超过勘察设计费投标报价的 2%，最多不超过 10 万元人民币。

3. 政府采购项目

《政府采购货物和服务招标投标管理办法》第 36 条规定，招标采购单位规定的投标保证金数额，不得超过采购项目概算的 1%。

第八章 IT职场面试礼仪

IT行业以其较高的收入、良好的工作环境和现代化的企业文化精神吸引了众多的求职者。在求职过程中,良好的IT职场面试礼仪无疑会给你的表现加分。正如心理学家奥里·欧文所说:"大多数人录用的是有礼节的人,而不是最能干的人。"有时,求职者在求职过程中表现出的礼仪水平,可以反映出求职者的人品和修养,从而直接影响用人者的最终决定。

第一节 面试前的必要准备

在求职者准备参加正式的面试之前,应该做好以下方面的准备工作:

一、认真准备求职信

1. 关于求职信的内容

一封好的求职信,可以给招聘单位留下一个很好的第一印象,这对求职者顺利入围面试是十分重要的。

求职信属于书信范畴,主要包括称呼、正文、结尾、署名、日期、目录、附件等六个方面的内容。

(1)称呼:要准确,要有礼貌。求职信的目的在于求职,因而称呼要求严肃谨慎。一般来说,收信人应该是单位里有权录用你的人,因而要特别注意写正确此人的姓名和职务。如果不熟悉用人单位有关人员的姓名,可以直接称职务头衔等。

(2)正文:这是求职信的主体,首先要实事求是地说明本人的基本信息(但不要把个人简历照抄一遍);其次要有针对性地说明自己具备应聘岗位所需要的各种能力和经验,最后要表示希望得到面试机会的答复。

在求职信的适当位置插入精心选择的近照,不宜选择生活照。无论是贴上去的照片,还是打印出来的图片,都要做到清晰、柔美、不失真。

求职信一般都要求附上一些有效证件的复印件,如成绩单、推荐函、学历证、学位证、获奖证书、身份证或任何其他能证明求职者能力的证明材料,如论文、发明证书等。求职者最好在正文下方列出一个附件清单,这样做一是方便招聘单位审核;二是给招聘方留下一个"有条不紊,很负责任、办事周到"的好印象。

(3)问候:开头之后的应酬语(承启语)起开场白的作用。无论是给陌生人还是给友人或家人写信,信的开头应有问候语。问候语可长可短,即使只有"您好"两字,也体现出写信人的一片真诚。

(4)祝颂:正文后的问候祝颂语表达了写信人对受信人的祝愿、钦敬,因而不可忽略。祝颂语有格式上的规范要求,一般分两行书写,上一行开头空两格,下一行顶格。祝颂语可以套用约定俗成的句式,如"此致"、"敬礼"、"祝您健康"之类。

(5)署名:求职信的最后要署上写信人的名字和写信日期,为表示礼貌,在名字之前可写"求职者"或"您未来的部下"等。

(6)信封内容:信封(封皮)上除要清楚、准确地写明收信人地址及邮政编码、收信人姓名、发信人地址及姓名以外,还要恰当地选用对收信人的礼貌语词。

首先要注意收信人的称呼。封皮应根据收信人的职衔、年龄等,写上"经理(或总经理)"、"人力资源部长"、"人事经理"或"先生"、"女士"等。

其次,要讲究"启封辞"、"缄封辞"选择。"启封辞"是请收信人拆封的礼貌语词,它表示发信人对收信人的感情和态度。"缄"字的用法也有讲究。给长辈的信宜用"谨缄",对平辈用"缄"。

如果是通过邮局寄送求职信,要选择纸质较好的信封,不要使用太薄、太旧或太糙的信封。在信封的正面,端正地贴上一枚精美的邮票,以引起对方的注意。

2. 求职信的要求

(1)精心设计版面。对大学生而言,让你的求职信能在堆积如山的简历中脱颖而出的关键是版式标新立异而又不哗众取宠。比如,作为计算机专业的学生,如果你写得一手好字,一份用钢笔书写的求职信可能会使招聘人员眼前一亮;或者利用计算机专业知识将各种材料如照片、证件进行编辑排版做出求职信;抑或能制作一张光盘,其中不仅包括文字、图片,还有录像片段,或者自己建立一个网站,都会给招聘单位留下深刻印象。

(2)实事求是。恰如其分地介绍自己的能力和特长。

(3)流畅准确。在任何情况下,都要尽量避免笔误或拼写错误。重点突出,有条理,篇幅约1500字比较合适。可针对不同工作岗位使用不同版本的求职信。

二、精心设计个人简历

个人简历是求职应聘时必不可缺的材料。一份精心设计的个人简历可以引起主考官的注意和重视。

1. 关于个人简历的基本内容

(1) 个人基本情况:包括姓名、性别、出生日期、最高学历(学位)、现工作单位及职务、电话、电子邮件等等。可以在该部分内容的右侧粘贴或打印本人1寸或2寸标准照片一张。

(2) 教育和培训情况:对大学生来说,可以从中学开始填写。特别注意要填写上各种培训经历。

(3) 工作经历:用1~2行简明扼要地描述本人曾工作过的单位、职务以及从事的工作。

(4) 能力和经验:对本人的能力、经验分门别类地作一个简要描述。针对应聘职务的不同,表述该部分内容时可以有不同的重点。假设你在计算机编程方面的能力比较突出,并且作为班干部组织了许多学生活动,如果你打算应聘营销、公关、文秘类的职务,就应该突出后者以显示你的公关能力;但如果你打算到一个软件开发公司应聘,对后者的描述就应该淡化甚至不写,而应该花较大篇幅说明你在数学、语言、程序开发等方面的才能。总之,你要站在招聘单位的角度来思考,你打算应聘的那个职位的基本要求是什么。

(5) 个人兴趣和特长:虽然不是简历的重点,但招聘单位从你列举的兴趣中可以对你的个性特征有所了解。记住:现代企业不需要一个书呆子。

(6) 其他:包括论文、译著、获奖情况。

以上是个人简历的基本内容,你可以根据自己的实际情况予以适当的调整。

2. 个人简历的常见格式

(1) 完全表格式简历:完全表格式简历综述了多种资料,易于阅读。这种格式通常适用于年轻、缺乏工作经历的求职应征者。

(2) 半文章式简历:这种格式较少使用资料表格,表格的数量和文字记载的长短可随个人的经历而变化。资历丰富的应征者会发现半文章式简历更有利于展示自己。

(3) 小册子式简历:这是一种多页的、半文章式的活页格式简历。这种简历可以有4页、8页、甚至12页。应聘者需要具备一定的技能去撰写、设计。

(4) 时序式简历:即依一定的时间顺序编写学历和工作经历。中国人习惯于由远及近、由过去到现在顺着写;而在国外和呈给外资企业的简历则是由近及远、从现在到过去分阶段介绍。内容包括工作和学习起止时间、职务、就职单位名称以及对个人职责与业绩的简要陈述。这种方式可以充分表现求职者的日趋成熟、不断进步。但这种方式的表述有时不免令人觉得累赘,尤其是有些不太重要的内容如果不予列出,则在时间序列上会出现断裂;如果全面列出,则可能使人看不出重点。

(5)职务式简历:即按个人的职务包括专业、成就或职业性质等编写简历。按这一方式编写简历由于突出介绍了应征者曾经担任过的相同或相似的职务,因而具有较强的针对性与候选性。

(6)创造式简历:艺术界、广告界、宣传界和其他创造性领域里的求职者在准备简历时往往会打破标准的简历格式。当应征者把创造式简历寄给这一类的企业时,这种简历是有利的。它证明了应征者富有创造性。创造式简历需要运用想象力,但也必须向招聘单位提供一些实质性内容。需要注意的是,创造性简历多用于创造性行业中的企业。

3.准备个人简历时应注意的事项

(1)文字简明扼要:简历的目的在于使主考官对应聘者有初步了解,可能还要经过考试、面试等多个程序才能决定最终是否录用。招聘单位收到的简历可能是招聘数目的几十倍、几百倍。因此,简历用词造句要简洁、恰当,但也不要走向另外一个极端,连一页纸都写不满。

(2)条理要清楚:简历并不过分强调"文采",但一定要表达清晰,层次要分明。

(3)重点要突出:简历既然不能太长,那么就要突出重点,所写的重点一定要围绕着招聘职位的要求展开。因此,有必要设计几份不同版本的个人简历。

(4)避免错误:具体来讲,不能出现错别字,标点符号需正确使用,文体格式符合要求。如果附有英文简历,要特别注意不要出现低级语法错误。

(5)干净美观:个人简历要精心设计、排版,做到清楚、整洁、美观。打印纸张一般选用 A4 规格的书写纸。如果经济能力可以承受,可以将简历彩打,或者加一个封套。

三、做好面试前的心理准备

1.做到知己知彼

我们无不希望在面试时留给主考官一个良好而深刻的印象。因此,了解主考官一般在主持面试时会关心些什么,对应试者而言是非常重要的。主考官考核应聘者的内容往往包括以下几个方面:通过提问或交谈对应聘者的专业知识、口才、谈话技巧、反应灵敏度等作整体性的考核,同时也了解了应聘者的性格及人际关系、情绪状况、人格成熟度等。在面试前对可能涉及的问题做好准备,做到胸有成竹。

2.克服紧张情绪

紧张是面试时的大忌,如何克服紧张情绪呢?

首先,要保证面试前充分休息;其次,要提前到达面试场所,熟悉面试环境;再次,要顺其自然,保持平和心态。不要强调志在必得,造成不必要的紧张,从而影响你的正常发挥。只有保持平常心,保持沉着、镇定与自信,才能真正地消除紧张心理。

3.面试经典问题举例

对未来有何打算?

你的优势和劣势是什么?

谈谈你的家庭情况。

你有什么业余爱好?

你最崇拜谁?

你的座右铭是什么?

请谈一下你的一次失败经历。

我们为什么要雇用你呢?

你概括你自己的三个词是什么?进行自我介绍。

你对加班有什么看法?

你的求职动机是什么?

你了解我们吗?

你有什么特长?

你有过求职的经历吗?

假如你走进一间办公室,听到有人正在谈论你,而且不是什么好话,他们正巧看到你了,这时,你怎么办?

你有什么要求吗?

你为什么选择本公司?

你认为公司所处的行业前景如何?

你是否愿意从基层做起?

自 荐 信

尊敬的领导：

您好！

首先感谢您在百忙之中抽出时间来阅读我的自荐信。很高兴能为您介绍一下我的情况。

我叫×××，是即将毕业于滁州学院计算机科学与技术本科专业的学生，值此择业之际，我怀着一颗赤诚的心和对教育工作的执著追求，真诚地向您推荐自己。

伴着青春的激情和求知的欲望，我即将走完四年的求知之旅，美好的大学生活，培养了我科学严谨的思维习惯，更造就了我积极乐观的生活态度和开拓进取的创新意识。课堂内外拓展的社会实践、扎实的基础知识和开阔的视野，使我更了解社会；在不断的学习和工作中养成的严谨、踏实的工作作风和团结协作的优秀品质，使我深信自己完全可以在岗位上守业、敬业！大学四年里，我时刻按照"宽专业、厚基础、强能力、高素质"标准去锻炼及发展自我。学习上，我刻苦努力，圆满完成了学校开设的各种课程，每科成绩都达到优良以上，可以说对从事教育工作所必须掌握的相关知识有了相当程度的理解和掌握。在去年九月份开始的为期四十多天的教育实习中，我刻苦钻研教材，反复思考各种教学方法，以灵活的方式和通俗流畅的语言，调动学生们的学习积极性，成功地完成了教学任务，深受老师和学生们的好评。在那里，我出色地完成了由学生向老师角色转换的第一步。自荐书不是广告词，不是通行证。但我知道：一个青年人，可以通过不断的学习来完善自己，可以在实践中证明自己。虽然，我是一个即将毕业的教学新手，但我相信，有你们的栽培和熏陶，我也会和你们一样，做得比别人更好。我将用我出色的表现证明我的能力，证明您无悔的选择！

我或许不是令您满意的，但我相信依靠努力，我将成为最合适的！我或许不是最优秀的，但我会自强不息，我是有潜力的！我随时恭候在您方便的时候前去面试，最后真诚地谢谢您的阅读。

祝贵校事业欣欣向荣，业绩蒸蒸日上，也祝您身体健康，万事如意！

此致

敬礼

自荐人：×××

2010年2月3日

基本情况				
姓名:×××	性别:女	民族:汉	籍贯:××××××	照片
政治面貌:团员	出生日期:1990.4.4	身高:165cm	电子邮箱:××××××	联系电话:××××××××××
通信地址:××学院计算机系06级	邮编:××××××			
兴趣爱好:爱好英语,球类运动等				
求职意向:应聘职位:中小学计算机、英语、数学教师				

教育背景
毕业院校:×× ×× ×× ××学院
专　　业:计算机科学与技术专业
学　　历:大学本科
毕业时间:2010年7月
所学课程:计算机文化基础,计算机应用基础,程序设计语言,VB,VF,PHOTOSHOP,FLASH,3D MAX,计算机组成原理,数字逻辑电路,电子技术基础,数据库,软件工程,数据结构,多媒体技术,计算机网络等专业课程,高等数学,离散数学,线性代数,概率论与数理统计,大学英语,体育等非专业课程。
获奖情况:大学期间曾获过一次一等奖学金,三次二等奖学金,三次三等奖学金,在计算机专业技能比赛中获专业组三等奖,在2008年获得电子信息产业技能证书。
专业技能:有较强的文字录入技能,对于各类软件有一定的操作技能。

社会实践
经　　历:在校期间曾经在指导教师的帮助下给其他专业的学生讲课;假期在家里当过家庭教师;2009年9月,在滁州市第二中学进行了校外教育实习,我的能力受到了指导教师以及学生的肯定,收到了很好的教学效果,综合的成绩评定等级为优秀。

语言能力
英语能力:能熟练地进行听、说、读、写,并通过了国家大学英语四级考试
普通话水平:二级甲等

自我评价
做事踏实,自觉遵守纪律,做事认真负责,能吃苦耐劳,善于与同事相处,对负责的工作会付出全部精力和热情,力争在最短时间内将目标达成;喜欢挑战,能在较短时间内适应高压力的工作。
我始终相信一句话:"写得好,不如说得好;说得好,不如做得好;做得好,不如做得巧。"高质量+好的方法+正确的心态=我的追求!

附：求职简历样本

个人简历

作为一个平凡的人，在平凡的岗位上能用心干，在意干，就会干出不平凡的业绩，这就了不起……

姓名：_____
专业：_____
学校：_____
电话：_____
邮箱：_____

第二节 面试中的得体表现

心理学上的"第一印象"效应也叫首因效应、首次效应或者优先效应,它是指人们第一次与某物或某人相接触时,对其留下的深刻印象。第一印象作用最强,持续的时间也长。心理学研究发现,与一个人初次会面,45秒钟内就能对对方产生第一印象。也就是说,至少在45秒钟之内,交往的双方已经开始彼此留下印象,并下意识地为接下来的沟通定下方向。那么,参加IT行业面试时,如何利用"第一印象"效应,在短短几秒钟内给考官留下良好的印象呢?

一般来说,第一印象由外表、仪态、谈吐、声音与言语等几方面因素共同构成。其中,外表起到的作用占30%,走路和就座等仪态占20%,内容和声音占40%,言语占10%。这里所说的外表不仅指外貌长相,还包括体态、气质、神情和衣着;而声音同样包括音调、语气、语速、节奏。良好的仪态和言语举止在面试中的作用不可小视,它们都可以为面试成功增加筹码。

一、展现良好的仪表

虽然应聘者的五官相貌很难改变,但是他(她)的穿着打扮、风度气质、言谈举止是可以训练改变的,从而给人留下不同的印象。

1. 面容

面试时,对于男士而言,面部除了要保持整洁之外,最重要的是要注意清理胡子、鼻毛等,千万不能给考官留下邋遢、不修边幅的印象。对于女士而言,可以适当地化淡妆,显得更有朝气,如果素面朝天地去面试,很容易因为"面黄肌瘦"、"灰头土脸"的本色而丢分。女士化妆的基本要求是自然、协调,力求化妆之后没有痕迹,给人以天生丽质的感觉。切忌浓妆艳抹。"清水出芙蓉,天然去雕饰",作为尚未毕业的学生,带有朴素学生气质的淡妆既符合自己的身份,也与面试的要求很吻合。

2. 头发

在面试的时候,要保持头发干净整洁,无汗味,没头屑。不要使用太多发胶,发型款式大方、不怪异、不太长也不太短。正如我们前面所说,一般来说,男士前发不附额,侧发不掩耳,后发不及衣领;女士前额的头发尽量不要遮住眼睛,刘海不要超过眉毛。头发若超过肩膀,最好用卡子或者发箍把头发束起来或盘起来。忌讳面试中给人以"犹抱琵琶半遮面"的感觉,这样才能自信、自然地用目光和考官交流。

3. 服饰

选择服装时要看职位要求,而 IT 行业的穿着偏向庄重正规。所以,应聘者在前去面试时,务必根据自己的身高、体形、气质合理着装,展现给主考官这样的风貌:谨慎大方、干净利落、精明能干、办事认真、有专业精神。

总体来说,面试时穿着的服装不要太花哨华丽,男士要简洁、大方;女士要让人感觉端庄、高雅;穿着的颜色应当以单色为主,如果色彩跳跃太多,则会有失稳重。

• 服装禁忌:面试时,男士最好不要穿花衬衫、T 恤等;女士不要穿超短裙、紧身服、文化衫等;均不可穿背心、短裤、凉鞋、牛仔服、运动鞋,且置装价格不宜过于高档;切忌穿着粉红色套装,因为粉红色容易给人以轻浮、虚荣的感觉。

• 小窍门:置装时间要提前于面试一至两个月。草草购置的衣服穿上去不自然,容易增加紧张感。不少求职者有过这样的经历:第一次穿上千挑万选的面试新衣去面试,却觉得浑身不舒适,影响了自己的发挥。面试前,最好选择一套穿上舒适且得体的衣服,才不至于在面试时出现尴尬的情况。

二、展示得体的举止

"站有站相,坐有坐相"是对一个人行为举止最基本的要求。在 IT 职场面试时,除了参照前文有关方面的要求,还要注意以下方面:

1. 站姿

要站得端正、稳重、自然、亲切。做到上身正直,头正目平,面带微笑,微收下颌,肩平挺胸,直腰收腹,两臂自然下垂,两腿相靠直立,两脚靠拢,脚尖呈"V"字型。女子两脚可并拢。站立时,如有全身不够端正、双脚叉开过大、双脚随意乱动、无精打采、自由散漫的姿势,都会被看做不雅或失礼。

2. 坐姿

包括就座的姿势和坐定的姿势。进入面试室后,等考官请你就坐时才可坐下,坐下时应道声"谢谢";若对方未请你坐下,应礼貌地询问:"我可以坐下吗?"然后待主考官示意后就座。入座时要轻而缓,走到座位面前转身,轻稳地坐下,不应发出嘈杂的声音。坐下后,最好坐满 2/3,上身自然地将腰伸直,头部端正,目光平视面试官,并拢双膝。坐稳后,身子一般只占座位的 2/3。两手掌心向下,叠放在两腿之上,两腿自然弯曲,小腿与地面基本垂直,两脚平落地面,两膝间的距离,男子以松开一拳或两拳为宜;女子要并拢两膝两脚,如果穿裙子,女士还应用手把裙子向前拢一下。就座时要自然放松,面带微笑。

面试过程中几种不可取的坐姿:

• 紧贴着椅背坐,显得太放松;

- 只坐在椅边,显得太紧张。
- 仰头靠在座位背上或低着头注视地面;
- 身体前俯后仰,或歪向一侧;
- 不要两臂交叉在胸前,更不能把手放在邻座椅背上,双手不应有多余的动作如玩笔、摸头等小动作,容易给人以轻浮傲慢、有失庄重的印象。双腿不宜敞开过大,也不要跷二郎腿,更不要把两腿直伸开去,或反复不断地抖动。这些都是缺乏教养和傲慢的表现。

3.握手

握手时要注意以下几个方面:

首先,握手的姿态要正确。要伸出右手,伸出的手要使掌心向着一侧。平等而自然的握手姿势是两人的手掌都处于垂直状态,轻握对方的手指,两足立正,距离受礼者约一步,身体略微前倾,面带笑容,目光正视对方,显得亲切、热情、大方。

第二,要注意伸手的顺序。社交场合的一般规则是,由主人、年长者、职务高者、女性先伸手,客人、年轻者、职务低者、男性要待对方伸出手后再握,切不可先伸手去求握。求职面试时,不论主试者身份、性别如何,面试者属于客方,不宜先伸手求握,若对方先有握手的表示求职者再伸手相握。在众多人相互握手时,按顺序进行,不要抢先握手。

第三,握手力度要适当。要有一定力度,显示热情;但不能让对方感到疼痛,握得太紧或只是几个手指头和对方的手指头接触一下,都是失礼行为。面试结束后,行礼握手后再离开。离开时要先面向主考官后退两步,再转身离开。

4.眼神

恰当的眼神能体现出智慧、自信以及对公司的向往和热情。面试时目光应始终聚焦在面试人员身上,在不言之中,展现出自信及对对方的尊重。注意与主考官眼神的交流,这不仅是相互尊重的表示,也可以从中获取一些信息。

正确的眼神表达应该是:礼貌地正视对方,注视的部位最好是考官的鼻眼三角区(社交区);目光平和而有神,专注而不呆板;如果有几个面试官在场,说话的时候要适当用目光扫视一下其他人,以示尊重;回答问题前,可以把视线投在对方背面墙上,约两三秒钟做思考,不宜过长;开口回答问题时,应该把视线收回来。

5.表情

面试时表情要自然,要面带微笑,亲切和蔼、谦虚虔诚。微笑是自信的第一步,也能为你消除紧张。面带微笑会增进与面试官的沟通,会100%地提高你的外部形象,改善你与面试官的关系。听对方说话时,要时有点头,表示自己听明白了,或正在注意听。同时也要不时面带微笑。赏心悦目的面部表情使应聘的成功率远高于那些目不斜视、笑不露齿的人。

6.言谈

求职面试同其他社会交往一样，是以语言表达思维、互相沟通的社会行为，在言谈中要注意不犯语法错误，表达流利，用词得当，言之有物，发音清晰，语调得体，声音自然，音量适中等。

发音清晰：发音清晰，咬字准确，对一般人来说不是十分困难。有些人由于发音器官的缺陷，个别音发音不准，如果严重影响人们理解，或影响讲话整体质量的，应少用或不用含有这个音素的字或词。

语调得体：无论是哪一种语言对于各种句式都有语调规范。有些同样的句子，用不同的语调处理，可表达不同的感情，收到不同的效果。

声音自然：用真嗓门说话，音调不高不低，不失自我，不仅使面试官听来真切自然，而且有利于缓解紧张情绪。

音量适中：音量以保证听者能听清为宜。适当放低声音总比高嗓门顺耳有礼。喃喃低语是没有自信的表现；而嗓门太大，既骚扰别人，又有咄咄逼人之势。

语速适宜：适宜的语速并不是从头到尾一成不变。要根据内容的重要性、难易度及对方注意力情况调节语速和节奏。说话节奏适宜地减缓比急迫的机关枪式的节奏更容易使人接受。

三、应对电话面试

很多企业在收到简历之后，为了在面试中做进一步的筛选，往往用打电话的形式进行首轮面试。电话面试的时间一般在 20～30min 左右，用以核实求职者的背景和语言表达能力。对于大学毕业生来说，电话面试不像面对面交流时那样直接，表现余地相应较小，仅能凭声音传达个人信息。那么电话面试时用人单位将如何提问，应聘者又该如何应对呢？

1.电话突然打来时如何处理

企业突然来电，往往令你措手不及，也许你正在上课，也许正在做运动，也许正在公交车上，怎样才能在最短的时间里调整好状态呢？可以首先征询对方是否可以给你一些准备时间，稍后再进行电话面试，如"对不起，我正在有事，能不能换个时间给您打电话"等等。一旦赢得时间，最先做的应是马上摊开资料写一份提纲，以便从容应答。当你能坦然放松地与对方进行电话交谈时，应该将对方单位名称、招聘岗位，以及你所感兴趣的职位等弄清楚。假若对方表示占用时间很短，要你立即配合的话，也不要紧张，先找个安静的地方坐下，然后理清思路，先做简短的自我介绍，之后有条不紊地回答提问。

2. 电话面试的内容

首先,为确认求职简历的真实性,企业人事部门会对简历内容进行确认,看看是否有漏洞,以及不符合事实的地方。此时,应聘者必须冷静快速地回答问题,任何犹豫都有可能给对方造成说谎的印象。因此,最好将简历放在手边,可以看着内容回答提问。

其次,对简历内容确认之后,面试官会针对应聘岗位问些专业技术方面的问题,比如你的专业技能、对应聘职位的看法,有时会问得更细一些。回答这些问题时,要保持镇静,抓住问题要点,尽自己所能,如实回答。在回答一些专业问题时,你的答案要尽量显示出你对那些专业术语非常熟悉,并能用简短的语言表达清楚,重点突出,不要回答得含糊不清。任何面试都是双方进行相互观察和了解的过程,而不是面试官单方面"审问"应聘者。面试官会对应聘者提出各种问题,以此来衡量你是否适合本公司,同时应聘者也可以向面试官提出任何想了解的问题,但薪资待遇问题最好不要提及,否则对方会认为你比较功利。

3. 接听电话要冷静

"知己知彼,百战不殆。"想从容面对电话面试,就得首先了解电话那头的"对手"是谁。因此,要问清面试官所属的公司名称,记得使用礼貌用语,主动说"你好"。其次,对应聘公司的信息了解得越多,就越容易应对面试,而且当面试官发现你了解到很多公司的信息时,会对你产生好感,面试也会变得轻松起来。再次,如有可能,最好提前准备一份你要问面试者的问题清单。你还要将接受过的专业技术培训整理成表,这会让你的实力一目了然。同时,准备好纸笔,记录对方的问题要点,便于回答。

4. 接听电话要注意语速

在面试过程中不要机械地背诵材料。回答问题时语速不必太快,发音吐字要清晰,表述要简洁、直截了当、充满热情,使得谈话有趣而易于进行,快了反而会弄巧成拙。如果没听清楚问题,要很有礼貌地请面试官重述一次,如有必要,甚至还可以要求面试官改用其他方式重述他的问题,不要不懂装懂。回答时尽可能表现得有礼貌,不要答非所问。

面试时感到紧张是很自然的,但是要试着让自己慢慢放松。一旦你感觉到很紧张,甚至无法继续下去时,最好停下来,深深地吸一口气,然后说:"对不起,请让我再来一次。"尽量保持语调轻松,充满自信。

5. 电话结束时说什么

在电话结束时,一定要感谢对方来电话,显示你的职业修养。而且你还要保证面试官有你正确的电话号码,以便在接下来的几个星期里他能找到你。

6. 接受电话面试应该注意的地方

(1)因为不能从招聘者的身体语言、眼神或其他类似的信号中获取线索,所以应高度注意他说话的语气。同时你的表述要简洁、直截了当、充满热情,使得谈话有趣而易于进行。

(2)仔细聆听并保持你的精神高度集中,把一部电话放在类似面试时所坐的地方。在电话旁边准备好纸笔,还有你的简历和笔记本。仔细记下你被问的问题和看似对招聘者至关重要的东西(这些信息对你稍后写一封信很有帮助)。

(3)避免长时间停顿。对你的主要观点、要点作快速的概括,并提供一些具体的例子说明你在曾服务过的地方如何做出了积极的贡献,你以后将如何为这家公司做贡献。

(4)确保记下给你打电话的人的名字(拼写要正确)、电话号码和地址。

(5)重新肯定你的兴趣。如果通过这一关后仍感兴趣的话,弄清楚下一步会发生什么事情和你能做些什么而使你更具竞争力。随后寄一封感谢信。目的是为了获得下一轮面对面的面试机会。

四、面试中应注意的细节

(1)提前5~10分钟到达面试地点。

(2)不可打断对方讲话或反问,不要与主考官争辩,即使考官所提问题非常不礼貌,也不能反唇相讥。你可以拒绝,但口气及态度一定要温和、婉转。

(3)跟面试人员打招呼时,一定要根据就高不就低的原则,采用姓氏加上职务的称呼形式。

(4)在面试之前一定要清除身上的一切与面试不相符的气味。尽量避免面试前进食有异味的食物如葱、蒜、韭菜、海鲜等,不要使用香水和气味浓烈的发胶、发乳等。

(5)不要抽烟、嚼口香糖,以免给人以不稳重的感觉,并且这也显得不尊重对方。

(6)不要当着人做挖耳朵、擦鼻子、打喷嚏、用力清喉咙等小动作。

(7)应聘时不要带陪伴者,带陪伴者说明你缺乏自信。

(8)除带公文包或手提包外,不要带其他物品。

(9)应聘时可将公文包放置于座位下右脚的旁边;小型皮包则放置在椅侧或背后,不可放置于考官办公桌上。

(10)手势不要过多,更不要做抓头皮、弄头发、搔痒痒等动作。

(11)不可用主考官听不懂的方言。

(12)不要做出过分夸张的表情和鬼脸。

五、面试中提问禁忌

1. 忌问招聘人数

最明显的就是问"你们要几个",对用人单位来讲,问题的关键不在于招几个,而是你有没有应聘岗位所具备的实力和竞争力。"你们要不要女的?"这样询问的女性,首先给自己打了"折扣",是一种缺乏自信的表现。

2. 忌急问待遇

"你们的待遇怎么样?""你们管吃住吗?电话费、车费报不报销?"有些应聘者一见面就急着问这些,不但让对方反感,而且会让对方产生"工作还没干就先提条件,这样的人能要吗?"这样不好的想法。谈论报酬待遇是你的权利,这无可厚非,关键要看准时机。一般在双方已有初步聘用意向时,再委婉地提出来。

3. 忌回答不合逻辑

例如面试的考官问:"请你告诉我你的一次失败的经历。"答曰:"我想不起我曾经失败过。"这样说在逻辑上讲不通。又如考官问:"你有何优缺点?"答曰:"我可以胜任一切工作。"这也不符合实际。

4. 忌套近乎

面试中急于套近乎、不顾场合地说"我认识你们单位的某某"、"我和某某是同学,关系很不错"等等。这些话主考官听了会反感。如果你说的那个人是他的顶头上司,主考官会觉得你在以势压人;如果主考官与你所说的那个人关系一般,甚至有矛盾,那么你这样做无异于自找麻烦。

5. 忌超出范围提问

例如,面试快要结束时,主考官问求职者:"请问你有什么问题要问我吗?"这位求职者欠了欠身子问道:"请问你们公司的规模有多大?你们未来5年的发展规划如何?"这位求职者没有把自己的位置摆正,提出的问题已经超出了求职者应当提问的范围,使主考官产生了反感。主考官甚至会想:哪有这么多的问题?你是来求职的呢,还是来调查情况的呢?

6. 忌不当反问

例如,主考官问:"关于工资,你的期望值是多少?"应聘者反问:"你们打算出多少?"这样很不礼貌,好像是在谈判,很容易引起主考官的不快。

第三节 面试后的正确行为

求职者不可只留意应聘面试时的礼仪,而忽略了应聘后的善后工作,因为这

些工作亦能加深别人对你的印象。面试结束并不意味着求职过程就结束了,求职者还有以下事情需要做:

一、表示感谢

为了加深招聘人员对你的印象,增加求职成功的可能性,面试后两天内,你最好给招聘人员打个电话或写封信表示谢意。面试后表示感谢是十分重要的,因为这不仅是礼貌之举,也会使主考官对你加深印象。据调查,90%的求职者不回感谢信,你如果没有忽略这个环节,则会脱颖而出,甚至影响到对方最终的决定。

感谢电话要简短,最好不要超过 5 分钟。还可以在电话中询问是否还有面试以及自己是否能被录用。

下面就感谢信的写法具体介绍。

1. 用电子邮件表示感谢

如果应聘公司开始是通过电子邮件与你约见,那你面试回来后要立即用 E-mail 发送感谢信,并一定要在后面附上说明,表明你并非不速之客。电子邮件较之传统的寄信方式有它鲜明的优势:你可以在面试的当天,有时是在几小时之内,把你的名字再次置于主考官面前。

2. 用传统信件表示感谢

如果你面试的是一家正规的、传统的公司,请用传统的寄信方式寄出感谢信。是手写还是打印呢? 打出来的信比较标准。你不仅能表示喜欢哪些业务,也能证明自己会正确使用称谓、格式和签名。如果你想向办公室里那些帮助过你的人致谢,那最好是手写。例如,如果一个接待员、助理、办公室经理或其他与面试有关的人员对你有过帮助,比如带你去吃午餐或在面试时为你引过路,那么,手写的感谢信是你表达谢意的最好方式。

3. 感谢信的内容

感谢信的内容也要简短,一封标准的感谢信的开头应提及你的姓名及简单情况。然后提及面试时间、面试内容并对招聘人员表示感谢。感谢信的中间部分要重申你对该公司、该职位的兴趣,增加一些对求职成功有用的事实内容,最重要的是说明你的技能,尽量修正你可能留给招聘人员的不良印象。在结尾可以表示你对自己胜任应聘岗位的信心,主动提供更多的材料,或表示希望能有机会为公司的发展壮大做出贡献。

注意:

· 无论采用何种方式表示感谢,都不要提能否被录用的问题,因为感谢信的用意是感谢主考官在你的面试上花费了时间,而非增加对方的困扰。

- 当自己表现出色,被许多家公司同时录用,并且每家公司都积极争取你的加入时,该怎么办呢?即使你已决定接受其中一个职位,也必须给你被拒绝的公司寄出感谢信,也许有一天你会换到那家公司工作,这封感谢信将留给别人良好的印象。

二、适时查询结果

1. 不要过早打听面试结果

在一般情况下,每轮面试结束后,主考官们都要进行讨论和投票,然后送人事部门汇总,最后确定录用人选,这个过程可能需要 3~5 天。求职者在这段时间内一定要耐心等候消息,不要过早打听面试结果。

2. 查询结果的时间

一般来说,如果在面试两周后或到了主考官许诺的通知时间,还没有收到对方的答复,就应该写信或打电话给招聘单位或主考官,询问对方是否已作出了决定。

附：

面试礼仪模拟剧场

公司名称：××电脑科技有限公司
考评面试官：人力资源总监王先生
应征部门：技术服务部
应聘职位：技术专员
应征者简介：姓名：刘伟 性别：男 年龄：22岁 婚姻：未婚 工作经历：在小电脑公司实习过两个月 专业：××大学软件工程专业

- 第一印象产生——决定性关键因素。
- 注意眼神接触，保持微笑。
- 注意礼貌。

Q：从你的简历和求职信来看，你各方面的条件都不错，能不能谈一下你在大学求学期间有没有什么相关的社会活动经验？

A：我学的是××大学软件工程专业，有社会实习经历，我平时也比较喜欢参加学校团体活动和社会实践活动，在二年级的时候就是班级的××干部，连续两年参加了我们学院主办的计算机协会，兼做会长，做了一些相关的联络组织工作……我是应届生。

小 提 示

- 回答问题要诚实中肯，切忌撒谎和浮夸。
- 力争引起对方的共鸣。

小 提 示

- 越来越多的公司用英语进行面试，流利的英语口语可以为自己锦上添花，给用人单位留下深刻印象。
- 在英语的口语交谈中，不必太拘泥于语法，大胆地表达清楚自己的意思即可。

Q：为什么想到我们公司工作呢？

A：我在××地方看到贵公司的招聘广告，对贵公司刊登的职位信息做了一些研究，觉得我所学的专业与贵公司的职位要求相符，我还在贵公司的网站上看到贵公司将在三年内大幅度扩大规模的新闻……

小 提 示

· 搜集公司情报,了解职务内容。
· 把握充分展示自己的机会。

Q:如果你获得这个工作机会的话,你可不可以想象5年后的自己?你有没有考虑过自己的职业生涯规划?

A:虽然这个社会有很多不可预测的事情,但我还是认为自己在这5年里会随着公司一起成长,我在计算机领域的知识一定会紧紧跟随公司的最新进展,而我在专业技术上一定会在较高层次上取得了较大的进步……

小 提 示

· 充分表达出对工作的热忱和对未来的信心。这是任何个性的人力资源经理都喜欢的。

Q:你觉得你有足够的能力来完成这份工作吗?

A:有。即使有某些经验不完善的地方,但我相信当我逐渐熟悉公司的运作计划和操作环节后,我一定能……

小 提 示

· 回答应表现出高度的自信心及魄力。

Q:你所期望的待遇可能超过了我们公司的预期,我们无法满足你的要求,你能接受吗?

A:我所提出的期望待遇与国内这个行业的职位薪酬标准相比是属于中等偏上的,当然具体的待遇标准还要由贵公司评估我的表现及资历来最后确定。我愿意在双方达成一个共识的基础上,在一定时期内按贵公司新进入公司的员工待遇标准工作……

小 提 示

· 回答这类问题的方法有很多种,要根据当时面谈的气氛和具体的情境来灵活回答,但基本原则是:

1.勇于为自己争取公正的待遇,诚实而不欺瞒。
2.以双赢的心态去协商。

3. 保持弹性，让一切充满可能性。

Q：你有没有什么要问的？

A：有。请允许我询问关于……方面公司的策略是什么？

小 提 示

- 切忌回答"没有问题"。
- 传达出争取工作的决心。
- 搞清楚有待了解的部分。

Q：由于时间的关系，我们今天的面试就到此为止了。由于还有一部分候选人要进行这一轮面试，所以我们要在对所有参加面试的候选人中进行全面比较衡量后，才决定合适的人选。有进一步的消息，我们会及时通知你的。谢谢你。

A：十分感谢王总抽出宝贵的时间和我面谈，我受益匪浅。希望下次有机会再当面请教。再见（与王总握手道别，并将椅子放回原处后离开。经过前台时，和引导他进入人事部的接待小姐说："谢谢你，再见。"）

小 提 示

- 注意：直到离开公司所有人的视野后，你的面试才结束。
- 注意：如果公司门口有张纸片或小块杂物等，不要视而不见地走过，而要将它捡起来扔到垃圾桶。因为这很可能是公司故意设计的面试细节，看看每个候选人是不是具有过人的观察力和从我做起的精神。

面试当日下午，刘伟按照××电脑科技有限公司的地址给人力资源总监王先生发了一份感谢信，表示通过面试更进一步了解了××电脑科技有限公司的企业文化和高效率，表达了自己仍然很想为该公司服务的愿望，也有信心做好技术服务的工作，希望有机会向王总多多学习。

以上面试模拟剧场将面试准备过程和面试常见提问浓缩到一起。希望大家仔细揣摩其中的内容。

附 录

附一：投标工作流程

投标工作流程

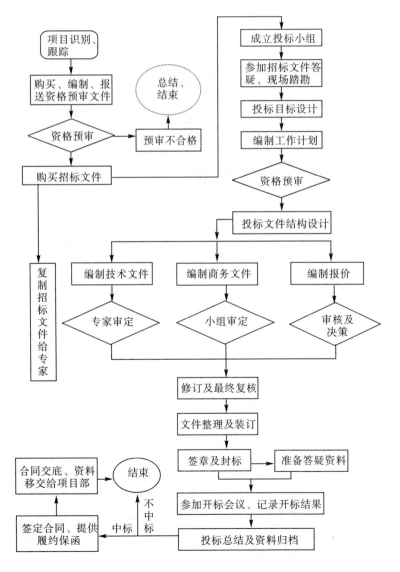

附二：个案

个案一：《×县网络设备招标文件》

网 络 设 备

招标文件

招标编号：DQZFCG－2010－G05
采购代理机构：×县政府采购中心
采购单位：×县农村合作医疗办公室
招标文件发布日期：2010年×月×日

目 录

第一章　招标公告 ……………………………………………

第二章　投标人须知及前附表 ………………………………

第三章　招标内容及技术要求 ………………………………

第四章　合同主要条款 ………………………………………

第五章　投标文件格式 ………………………………………

第六章　评标办法及标准 ……………………………………

第一章　招标公告

招标编号：DQZFCG—2010—G05

某县政府采购中心受某县农村合作医疗办公室的委托，就其所需的网络设备组织公开招标。欢迎符合资格要求，能提供优质售后服务的国内供应商参加投标。

一、招标项目的名称、内容、用途

1. 项目名称：网络设备；
2. 项目预算：33 万元（超过预算的报价将作为无效标处理）；
3. 采购方式：公开招标；
4. 完工期限：合同签订后 7 个工作日内；
5. 项目内容：县级新农合前置服务器、网上征缴/WEB 服务器，省、市级新农合数据交换服务器各 1 台。

详见第三章招标内容及技术要求。

二、供应商资格要求

1. 符合《中华人民共和国政府采购法》第 22 条对投标主体的要求；
2. 参加政府采购活动前三年内，在经营活动中没有重大违法和不良记录；
3. 在中华人民共和国境内注册的具有独立法人资格，有能力提供本项目招标货物和相应的技术及服务，具有良好的财务状况和商业信誉；
4. 注册资金人民币 50 万元（含 50 万元）以上；
5. 法律、行政法规规定的其他条件。

三、获取招标文件的时间、地点、方式及采购文件售价

1. 获取招标文件时间：2010 年 3 月 3 日起，至 2010 年 3 月 16 日止。8：00～16：30（工作时间内，节假日除外）。报名截止时间后至投标截止时间日期三天前允许潜在供应商前来认购招标文件，但若供应商对采购文件有异议将按本公告第四项投标答疑时间的规定提出，逾期提出的，招标采购单位可不予受理、答复。

2. 获取招标文件地点：×县招投标中心政府采购窗口（×县武某镇某街 1 号县行政中心 E 幢 2 楼）。

3. 获取招标文件方式：报名购买，现场领取，需招标文件电子文档的请随身携带 U 盘。报名时须提交以下文件资料（须按以下顺序统一用 A4 纸装订，资料不齐将被拒绝），并满足本公告中对供应商的资格要求：

(1)填写投标报名登记表(现场领取并填写);
(2)有效的工商营业执照副本原件(查看),复印件(加盖公章);
(3)有效的税务登记证副本原件(查看),复印件(加盖公章);
(4)法定代表人授权书原件、被授权人身份证(原件查看)复印件一份。
4. 招标文件售价:人民币伍佰元/套(售后不退)。

四、投标答疑时间

任何要求澄清或质疑招标文件内容的投标人,均应在2010年3月17日16:00前以书面(含传真)形式将需要澄清或质疑的事项向集中采购机构一次性提出,招标采购单位将在规定的时间内统一进行澄清和修改,并书面(含传真)通知所有认购招标文件的供应商,逾期提出的,招标采购单位将不予受理、答复。

五、开标的时间及地点

1. 递交投标文件时间:2010年3月23日,8:00~9:00(北京时间);
2. 投标截止时间:2010年3月23日,9:00止(北京时间);
3. 开标时间:2010年3月23日,9:00(北京时间);
4. 投标文件递交及开标地点:×县招投标中心(×县×镇×街1号县行政中心E幢)二楼开标室。

六、投标保证金

1. 投标保证金的有关事项按招标文件中"投标人须知"的相关规定执行。
2. 投标保证金金额:购买招标文件的同时,须缴纳投标保证金叁千元(以到达×县招投标中心的保证金账户为准,否则不接受报名)。
3. 形式:以汇票、现金、电汇或银行转账等方式;
4. 单位名称:某县招投标中心;
5. 开户银行:中国工商银行某支行;
6. 银行账号:1205280409001014127。

七、采购人、集中采购机构的名称、地址和联系方式

1. 采购人联系方式:
采购人名称:×县农村合作医疗办公室
采购单位联系人:潘先生
采购单位联系电话:
集中采购机构名称:×县政府采购中心
集中采购机构地点:×县×镇竹儿弄1号
集中采购机构联系人:汤先生、曹女士
集中采购机构联系电话:
集中采购机构传真:
本次招标项目相关信息发布媒体:

(1)某省政府采购网：http://www.zjzfcg.gov.cn
(2)某县招投标网：http://ztb.deqing.gov.cn

八、意见征求

若各供应商对本招标项目中涉及的技术指标、参数等（详见招标公告附件内容）存在异议的，请于2010年3月17日16:00前，向某县政府采购中心以书面形式提出，逾期视同无异议。

九、其他

因投标人提供资料错误等原因导致招标采购单位未能将招标补充文件送达投标人或通知投标人前来领取的，责任由投标人自负。

×县政府采购中心
2010年×月×日

第二章 投标人须知及前附表

前附表

序号	项 目	内 容
1	项目名称	网络设备
2	招标编号	DQZFCG－2010－G05
3	完工期限	合同签订后7个工作日
4	投标文件份数	商务标、技术标各一正本,三副本;"报价文件"一正本
5	投标保证金	投标保证金:购买招标文件的同时,必须缴纳投标保证金人民币叁千元(以到达××县招投标中心的保证金账户为准,否则不接受报名) 形式:以汇票、现金、电汇或银行转账等方式 单位名称:某县招投标中心 开户银行:中国工商银行某支行 银行账号:1205280409001014127
6	保证金退还	中标人签订合同后,由采购中心无息退还综合得分排名前2位的投标保证金 其他投标人的保证金在中标通知书签发后的5个工作日内无息退还
8	投标有效期	投标截止日期起90天内
9	投标截止时间	2010年3月23日9:00止(北京时间)
10	答疑截止时间	2010年3月17日16:00止(北京时间)
11	开标时间 开标地点	开标时间:2010年3月23日9:00(北京时间) 开标地点:×县招投标中心(×县×镇千秋东街1号县行政中心E幢)二楼开标室 投标人的法定代表人或其授权代表须携带"身份证"及"法定代表人授权书"(复印件无效)出席开标仪式
12	采购机构	集中采购机构:×县政府采购中心 地址:×县×镇×街1号县行政中心E幢2楼
13	货款支付	付款方式:验收完成付95%,余款验收完成1年后付清

投标人须知

总　　则

1. 说明

1.1　本次招标工作是按照《中华人民共和国政府采购法》、《政府采购货物和服务招标投标管理办法》和×省的有关招投标规定，结合本项目的实际组织并实施。

1.2　项目名称：网络设备。

1.3　项目地点：某县内。

2. 定义及解释

2.1　招标人：系指按政府采购有关规定，受×县农村合作医疗办公室委托，组织本次招标的某×政府采购中心。

2.2　采购人：×县农村合作医疗办公室。

2.3　投标人：报名并参加投标竞争的供应商。

2.4　中标人：系指在本次招标中中标的投标人。

2.5　评标委员会：该委员会是依法组建的专门负责采购评审工作的临时性机构。

2.6　日期：指公历日。

2.7　合同：指由采购所产生的合同或合约文件。

2.8　招标文件中的标题或题名仅起引导作用，而不应视为对招标文件内容的理解和解释。

2.9　"书面形式"是指任何手写的、打印的或印刷的文件，包括电报和传真发送。

3. 合格的投标人

3.1　投标人资格要求：

A. 符合《中华人民共和国政府采购法》第22条对投标主体的要求；

B. 参加政府采购活动前3年内，在经营活动中没有重大违法和不良记录；

C. 在中华人民共和国境内注册的，具有独立法人资格，有能力提供本项目招标货物和相应的技术及服务，具有良好的财务状况和商业信誉；

D. 注册资金人民币50万元（含50万元）以上；

E. 法律、行政法规规定的其他条件。

4. **保密与披露事项**

4.1　投标人不得串通,以不正当的手段妨碍排挤其他投标人,扰乱市场,破坏公平竞争原则。

4.2　投标人自购买招标文件之日起,须承诺承担本招标项目的保密义务,不得将因本次招标获得的信息向第三方外传。

4.3　招标人有权将投标人提供的所有资料向其他政府部门或有关的非政府机构负责评审标书的人员或与评标有关的人员披露。

4.4　招标人有权在认为适当时,或在任何第三者提出要求(书面或其他方式)时,无须事先征求中标供应商同意而披露关于已订立合约的资料、中标供应商的名称及地址、中标服务的有关信息以及合约条款等。

5. **投标费用**

5.1　投标人应承担所有与编写和提交投标文件有关的费用,不论投标的结果如何,招标人和采购人在任何情况下均无义务和责任承担这些费用。

6. **通知**

6.1　对与本项目有关的通知,采购中心将以书面(包括书面材料、信函、传真等,下同)或在本次招标公告刊登的媒体上发布公告的形式,送达所有与通知有关的已报名登记并领取了招标文件的投标人,传真号码以投标人的报名登记为准。投标人应于收到通知的当日以书面方式予以回复确认。因登记有误或传真线路故障导致通知延迟送达或无法送达,采购中心不承担任何责任。

招 标 文 件

7. **招标文件的构成**

7.1　本招标文件包括下列内容：
(1)第一章:招标公告；
(2)第二章:投标人须知及前附表；
(3)第三章:招标内容及技术要求；
(4)第四章:政府采购合同主要条款；
(5)第五章:投标文件格式；
(6)第六章:评标办法及标准。

7.2　投标人应详细阅读招标文件的全部内容。如果投标人没有按照招标文件要求提交全部资料或者投标书没有对招标文件在各方面的要求都做出实质性响应,是投标人的风险。没有实质上响应招标文件要求的投标将被拒绝。

8. 招标文件的修改澄清

8.1 任何已报名并领取了招标文件的投标人，均可要求对招标文件进行澄清。澄清要求应在答疑截止期前，按招标文件中的联系方式以书面形式送达采购中心，采购中心将以书面形式予以答复。

8.2 招标人将视情况确定是否有必要召开标前会，如果召开会将标前会的通知（包括时间和地点）发给所有投标人。

9. 招标文件的修正和补充

9.1 在投标截止期前任何时候，招标人无论是出于何种原因，均可对招标文件用补充文件的方式进行修改。补充文件将作为招标文件的组成部分，对所有投标人有约束力。

9.2 对招标文件的修改，将以书面形式通知已领取招标文件的每一投标人。投标人应立即以书面形式回复确认已收到修改文件。

9.3 为使投标人有足够的时间按招标文件的修改要求修正投标文件，招标人可酌情推迟投标的截止日期和开标日期，并将具体变更情况通知上述每一投标人。

投标文件的编制

10. 投标文件使用的文字和计量单位

10.1 投标人提交的投标书以及投标人与招标人就有关投标的所有来往函电均应使用简体中文。

10.2 投标人所提供的技术文件和资料，包括图纸中的说明，应使用简体中文。所使用的计量单位，应使用国家法定计量单位。

10.3 投标文件应字迹清楚、内容齐全、不得涂改。如有修改，修改处须有法定代表人或其同一授权代理人签字并盖章。

11. 投标文件的组成

11.1 投标人编写的投标文件应包括商务标、技术标以及报价文件三个部分。凡是一加两个标项投标的，投标文件必须按标项分别制作，各标项投标文件一正本三副本。如投标人不按上述规定制作投标文件的，可能导致被拒绝。

11.2 商务标指投标人提交的证明其有资格参加投标和中标后有能力履行合同的文件；技术标是能够证明投标人提供的货物及服务符合招标文件规定的文件；报价文件是指投标人针对本项目所提供的投标价格及明细文件。

关于本项目价格的信息（备品备件除外）只允许出现在"报价文件"中，不得出现在技术标及商务标中。投标人应按规定提交商务标、技术标及报价文件，其中以下项目若有缺失或无效,将可能导致投标被拒绝且不允许在开标后补正。

11.3 商务标包括但不限于以下内容:(封装形式:一正本三副本,封装成一袋)。

A. 法定代表人授权书;

B. 有效的营业执照复印件(加盖公章);

C. 有效的税务登记证复印件(加盖公章);

D. 经财税、社保部门确认的2009年第四季度企业纳税情况和社保基金缴纳情况的相关证明复印件(加盖公章);

E. 2009年度企业资产负债及损益表(加盖公章);

F. 投标人的基本情况介绍;

G. 行政部门颁发的荣誉证书、企业资质证书和投标产品的荣誉或质量证书复印件(加盖公章);

H. 2008年1月1日至今,类似项目成功案例的业绩表及证明材料(如有)(合同复印件加盖公章)提供业主售后服务的反馈意见;

I. 详细的产品技术服务和售后服务内容及质保承诺(分质保期内、外,分别论述);

J. 自主创新、节能环保方面的资质证书(如有);

K. 交货期和供货保障措施;

L. 针对本项目为采购人提供的其他优惠条件;

M. 商务偏离表(附件七);

N. 招标文件要求的,以及投标人认为要说明的其他内容。

11.4 技术部分包括但不限于以下内容:(一正本三副本,封装成一袋)。

A. 投标产品的技术规格书及实物图片;

B. 投标产品品牌型号及详细配置清单;

C. 投标产品的主要技术(包括创新技术、性能、特点、产地及质量水平的详细描述);

D. 投标产品规格、技术性能偏离表;

E. 技术方案和具体实施方案;

F. 相关设备随机备品备件清单;

G. 质保期满后的服务价格和易损零配件价格表;

H. 投标产品的节能、环保、自主创新情况;

I. 招标文件要求的以及投标方认为可能需要的其他文件资料。

11.5 报价文件:(正本一份,封装成一袋)。

A. 投标函(附件一);

B. 开标一览表(附件二);

C. 投标项目报价明细表（附件三）。

11.6 提供虚假材料的投标人将被取消政府采购供应商资格并列入黑名单，没收投标保证金，并在政府采购宣传媒体上予以公告。

12. 投标书的式样和签署

12.1 投标文件分商务标、技术标及报价文件三部分，商务标、技术标、报价文件应分开装订成册，并在标书封面上注明"正本"、"副本"字样。一旦正本和副本不符，以正本为准（报价文件只需制作一本正本）。

12.2 商务标须制作一正本三副本，并密封于一封袋内。封口处应有投标人代表的签字或投标人公章。封皮上写明项目编号、项目名称及投标人全称、所投标项，并注明"商务标"字样。

12.3 技术标须制作一正本三副本，并密封于一封袋内，封口处应有投标人代表的签字或投标人公章。封皮上写明项目编号、项目名称及投标人全称、所投标项，并注明"技术标"字样。

12.4 报价文件须制作正本一份，并密封于一封袋内，封口处应有投标人代表的签字或投标人公章。封皮上写明项目编号、项目名称及投标人全称、所投标项，并注明"报价文件"字样。

12.5 投标文件"正本"的内容是属于投标人自己制作的，并合成本装订（统一规格用A4纸）。均须用不褪色墨水书写或打印，并在"投标文件格式"规定处由投标人的法定代表人或其授权代表签字并加盖公章。

12.6 投标文件副本可以用投标文件的正本复印而成。

12.7 传真和电传的投标文件将被拒绝。

12.8 投标文件不得涂改和增删，如有修改错漏处，必须由同一签署人签字或盖章。

12.9 投标文件因字迹潦草或表达不清所引起的后果由投标人负责。

13. 投标文件的密封和标记

13.1 投标书封面须注明商务标或技术标或报价文件并加盖公章。

13.2 密封封套上应注明：
①文件类型：商务标/技术标/报价文件
②收件人：某县招投标中心政府采购
③投标项目名称、招标编号：＿＿＿＿＿＿＿＿＿＿＿＿＿＿＿＿
④在＿＿＿（规定的开封时间）＿＿＿之前不得启封
⑤投标人名称：＿＿＿＿＿＿＿＿＿＿＿＿＿＿＿（加盖公章）

13.3 如果投标人未按上述要求对投标文件密封及加写标记，采购中心对投标文件的误投和提前启封概不负责。对由此造成提前开封的投标文件，采购中心有权予以拒绝，并退回投标人。未按招标文件要求封装的投标文件，其标书质量分将被扣除。

14. 投标内容填写说明

14.1 投标人应在认真阅读招标文件所有内容的基础上，按照招标文件的要求编制完整的投标文件。投标文件相应内容须按照招标文件中规定的统一格式填写，严格按照规定的顺序装订成册并编制目录，混乱的编排导致投标文件被误读或招标人查找不到有效文件是投标人的风险。招标文件对投标文件格式有要求的应按格式逐项填写内容，不准有空项；无相应内容可填的项应填写"无"、"未测试"、"没有相应指标"等明确的回答文字。

14.2 投标人的投标价格在合同执行期间是固定不变的，不得以任何理由予以变更。投标价格不是固定的投标文件将予以拒绝。

14.3 投标人必须保证投标文件所提供的全部资料真实可靠，并接受招标人对其中任何资料作进一步审查的要求。

14.4 投标文件须对招标文件中的内容做出实质性响应，否则其投标将被拒绝。如果投标书填报的内容资料不详，或没有提供招标文件中所要求的全部资料及数据，将可能会导致投标被拒绝。

15. 投标人其他文件的编制及编目

15.1 投标人其他文件由投标人视需要自行编制。规格幅面（A4）应与正文一致，附于正文之后，与正文页码统一编目编码装订。

16. 投标报价与使用货币

16.1 投标人提供的价格应该用人民币投标。投标报价应包括购买设备所需缴纳的所有的税费和其他一切费用。

16.2 投标报价方式：固定价格报价。投标人应充分考虑项目实施期间各种市场风险，确定风险系数计入总报价，今后在项目实施期间内，不因市场的变化而变化。今后除设计变更、招标单位签证、招标单位认可的增减项目按实调整，以及按投标文件暂定分项内容价格按经招标方询价确认的实际价格调整结算外，其余均不再调整。

16.3 本次招标工作要求，只允许有一个投标报价，不接受备选方案。投标人应在各自技术和商务占优势的基础上并充分考虑本项目的重要性，提供给招标人及采购方最优惠的投标报价，有选择的投标方案和报价将不予接受。

16.4 最低报价不能作为中标的保证。恶意竞标或明显偏高的报价，有可能导致其投标被拒绝。

17. 投标有效期

17.1 投标文件应在前附表规定的投标截止时间开始生效，并在随后的90天内保持有效。

17.2 如果有特殊情况，招标人可要求投标人将投标有效期延长，这种要求和投标人的答复均应以书面方式进行。

17.3　投标人可以拒绝招标人关于延长投标有效期的要求，而不被没收投标保证金。

17.4　如果投标人同意延期，则必须将其投标保证金的有效期限延长相同的期限。在延长期限内，不允许投标人修改其投标文件。

18. 投标保证金

18.1　购买招标文件的同时，必须缴纳投标保证金（以到达某县招投标中心的保证金账户为准，否则不接受报名）。招标人不接受投标人在投标当时以转账支票、银行汇票或其他现款形式交付的投标保证金。投标保证金收据投标人应在开标时提供。

18.2　投标保证金额：

投标保证金金额为：人民币叁仟元整

18.3　投标保证金应以汇票、现金、电汇、银行转账等方式提交。

单位名称：某县招投标中心；

开户银行：中国工商银行某支行；

银行账号：1205280409001014127。

18.4　未按规定及时提交投标保证金的投标，应视为无效。

18.5　未中标的投标人（不包括综合得分排名第 2 的投标人）的保证金，在中标通知书签发后的 5 个工作日内无息退还。投标人须按保证金代退程序要求，及时提供退还保证金所需的收款收据及账户信息，若因上述原因而导致保证金未能及时退还的，责任由投标人承担。

18.6　中标人签订合同后，由采购中心无息退还综合得分排名前 2 位的投标保证金。

18.7　投标保证金一律采用信汇或电汇方式退还。建议投标人提交投标文件的同时，单独密封（密封和签署同"报价文件"的要求）提交本投标人的银行账户资料和当地地税部门的往来款收据（客户名称填某县招投标中心，往来项目填保证金，金额填本投标人交纳投标保证金数额，并填明开票人和开票日期，加盖本投标人财务专用章），便于退还投标保证金（投标人不用再次到采购中心办理退还手续）。

18.8　发生下列情况之一，投标保证金将被没收：

A. 投标人在投标有效期内撤回投标书；

B. 递交投标保证金后，投标人无正当理由不参与投标的；

C. 中标方未按中标通知书中规定的时间、地点与采购人签订经济合同；

D. 将中标项目非法转包给他人；

E. 中标后，无正当理由未能按时签订合同的；

F. 拒绝依法履行合同义务的；

G. 提供虚假材料及其他影响招标公平、公正的行为；

H. 法律法规所规定的其他情形。

19. 知识产权

19.1 投标人应保证,采购人在中华人民共和国使用本招标项目服务的任何一部分时,采购人免受第三方提出侵犯其专利权、商标权或其他知识产权的起诉。

19.2 投标价格应包括所有应支付的对专利权和版权、设计或其他知识产权而需要向其他方支付的版税。

投标文件的递交

20. 投标文件的送达地点

20.1 投标文件的送达地点：某县招投标中心二楼开标室。

21. 投标截止时间

21.1 本次采购的投标截止时间及投标文件递交时间：见本招标文件"招标公告"。招标人收到投标文件的时间不得迟于规定的时间。

21.2 招标人如因故推迟投标截止时间,应以书面形式通知所有投标人。在推迟了投标截止时间的情况下,招标人、采购人和投标人受投标截止时间制约的所有权利和义务均应延长至新的截止时间。

22. 迟交的投标文件

22.1 招标人将拒绝并原封退回在其规定的投标截止时刻后收到的任何投标文件。

23. 投标文件的补充和修改

23.1 投标截止时间前,投标人可以书面向招标人提交对已递交的投标文件的补充和修改,相应部分以最后的补充和修改为准。修改补充内容必须表述清晰明确,由于表述不清晰明确而产生的后果由投标人自负。该书面材料应由投标人代表签字并加盖公章后密封,同时应在封套上标明"修改(或补充)投标文件"(并注明招标编号和"开标时启封"字样)。未按上述要求签字、盖章、密封的补充文件无效。

24. 投标文件的撤回

24.1 投标人在递交投标文件后,可以修改或撤回其投标文件,但招标人必须在规定的投标截止期之前,收到修改包括替代或撤回的书面通知。

24.2 投标人以传真或电报形式通知招标人撤标时,必须随后补充有法定代表人或法定代表人授权代表签署的正式文件。

24.3 在投标截止时间之后至投标有效期之间的这段时间内，投标人不得对其投标文件做任何修改，亦不得撤回其投标。

开标与评审

24.4 开标时间和地点：见本招标文件"招标公告"。

24.5 德清县政府采购中心组织和主持开标会，投标人的法定代表人或其授权代表须携带"身份证"及"法定代表人授权书"（复印件无效）准时出席开标会，并签名报到以证明其出席（"法定代表人授权书"及身份证件随投标文件一起提交，法人委托书原件密封在投标文件中也为有效），未参加开标会或迟到的，事后不得对采购相关人员、开标过程和开标结果提出异议。

24.6 首先由公证人员查验投标文件密封情况，并由工作人员开启除报价外的商务标和技术标，由评标委员会成员对投标书各项内容进行评审。

24.7 评审结束后，由工作人员宣布各投标人的分数（报价分除外），再由公证人员查验报价文件密封情况，确认无误后由工作人员当众拆封唱价格标。

24.8 唱标内容为报价文件中《开标一览表》内容，以及招标人认为合适的其他内容。招标人将记录开标过程的有关内容，并由投标人签字确认，存档备查。

25. **评标委员会**

25.1 采购中心根据有关法律法规和本招标文件的规定，结合本招标项目的特点组建评标委员会，对具备实质性响应的投标文件进行评估和比较。评标委员会由5人组成，其中经济、技术等方面的专家不少于2/3。

25.2 评标委员会依法根据招标文件的规定分别对每一个投标人的投标文件进行评审、提交评审报告并推荐有排名次序的两名候选人。

26. **评审原则和评审方法**

26.1 评审基本原则：评审工作应依据《中华人民共和国政府采购法》、《政府采购货物和服务招标投标管理办法》以及国家和地方政府有关政府采购的有关规定，遵循"公开、公平、公正、择优、信用"的原则。

26.2 评审方法：本次采购的评审方法采用百分制综合评分；评标委员会根据投标人技术部分和商务部分和报价部分相关内容进行全面审查、评估后，分别打分，合计计分后，按分值从高到低、推荐拟中标供应商，并经公示后无异议的，确定中标人。

26.3 评标委员会在评审时主要考虑以下因素：
投标人的资信情况及履约能力；

项目实施方案的完整性、实用性、合理性、先进性；
提供货物的技术性能；
投标价格的竞争性和合理性；
项目实施进度控制，交货期限；
售后服务和质保承诺；
投标人有效业绩；
投标文件质量；
投标人提供的其他优惠条件。

27. 初步评审

27.1 评标委员会根据招标文件检查投标文件提供的资格证明文件是否齐全、是否满足招标文件的要求、投标文件是否装订编排有序等。

27.2 评标委员会根据招标文件对投标文件的商务部分和技术部分进行初步审查，检查投标文件提交的内容是否齐全、是否能证明有能力承担本项目的任务、是否按招标文件的要求作出相应的承诺。

27.3 实质上响应的投标应该是与招标文件要求的全部条款、条件等没有重大偏离或保留的投标。如果投标书实质上没有响应招标文件的要求，评标委员会将予以拒绝，投标人不得通过修正或撤销不合要求的偏离或保留从而使其投标成为实质上响应的投标。

27.4 招标人对投标书的响应性判定，只依据投标内容本身，不依靠开标后的任何外来证明。

27.5 无效投标的认定

投标文件出现但不限于下列情况被认定为无效投标：

A. 投标有效期不足的；

B. 未按招标文件规定报价的；

C. 单价与总价不相符，又不接受评标委员会修正的投标总价或投标明显不合理而投标人不能合理说明的；

D. 投标货物性能、规格、数量、交货时间、货物包装方式、检验标准和方法、售后服务承诺等不满足招标文件中的相关要求和超出采购人可接受的偏差范围，以及商务有重大偏离或保留的；

E. 投标货物的技术指标、参数等存在实质性偏离（评标委员会一致认定）的；

F. 投标人未在投标文件中注明投标产品的型号的；

G. 投标人提交的投标文件实质性内容前后不一致，评标委员会多数认为应按照无效投标处理的；

H. 投标文件载明的招标项目完成期限超过招标文件规定的期限，采购人不能接受的；

　　I. 投标文件字迹模糊辨认不清的（评标委员会一致认为难以确认）；

　　J. 有两家以上投标人提供的投标资料中表达描述相似并且产生的误笔一样的；

　　K. 联合体投标未附联合体各方共同投标协议的；

　　L. 投标文件载明的招标项目质保期少于招标文件规定期限的；

　　M. 投标报价明显高于其市场报价或低于成本价（评标委员会一致认为）或超过采购人预算的；

　　N. 提供不真实资料的；

　　O. 投标文件未按招标文件的规定密封、签署、盖章的；

　　P. 在投标截止时间以后邮寄到达或送达的投标文件；

　　Q. 由于包装不妥，在邮寄途中严重破损或失散的投标文件；

　　R. 以电讯形式投标的投标文件；

　　S. 不符合法律、法规和招标文件规定的其他实质性要求的。

27.6　价格的核准

　　A. 评标委员会详细分析、核准价格表，看其是否有计算错误，修正错误的原则如下：

　　a）投标文件中开标一览表（报价表）内容与投标文件中投标项目报价明细表内容不一致的，以开标一览表（报价表）为准；

　　b）投标文件的大写金额和小写金额不一致的，以大写金额为准；

　　c）总价金额与按单价汇总金额不一致的，以单价金额计算结果为准，但单价金额计算结果汇总大于总价金额的，以总价金额为准；

　　d）单价金额小数点有明显错位的，应以总价为准，并修改单价；

　　e）当以上标准有冲突时，以有利于采购人的表述方式为准。

　　B. 评标委员会将按上述修正错误的方法调整投标文件中的投标，调整后的价格对投标人具有约束力。如果投标人不接受修正后的价格，则其投标将被拒绝。

　　C. 评标委员会对投标文件的判定，只依据投标文件内容本身，不依据任何外来证明。

28. **评标**

28.1　评标委员会依照评标办法，对通过初步评审的投标人的技术部分和商务部分分别打分，报价分由采购中心工作人员按招标文件公布的计分方式进行核算。

29. **投标文件的修正和澄清**

29.1　评标委员会有权要求投标人对投标文件中含义不明确、对同类问题表述不一致或者有明显文字和计算错误等内容作必要的澄清、说明或者补正。该要求应当采用书面形式,并由评标委员会专家签字。

29.2 投标人必须按照评标委员会通知的内容和时间作出书面答复,该答复经法定代表人或投标人代表的签字认可,将作为投标文件内容的一部分。澄清、说明或者补正不得超出投标文件的范围或者改变投标文件的实质性内容。投标人拒不按照要求对投标文件进行澄清、说明或者补正的,评标委员会可拒绝该投标。

29.3 如评标委员会一致认为某个投标人的报价明显不合理,有降低服务质量、不能诚信履行及不正当竞争的可能时,评标委员会有权通知投标人限期进行解释。若该投标人未在规定期限内做出解释,或做出的解释不合理,经评标委员会取得一致意见后,可确定拒绝该投标。

30. 评标过程保密

30.1 开标之后,直到授予投标人合同止,凡是属于审查、澄清、评价和比较投标的有关资料以及授标意向等,均不得向投标人或其他无关的人员透露。

30.2 在评标期间,投标人企图影响招标人或评标委员会的任何活动,都将导致投标被拒绝,并由其承担相应的法律责任。

31. 确定中标供应商

31.1 评标结束后,评标委员会将根据投标人的评标得分(技术标、商务标、报价文件分开打分,最后,三部分得分相加)由高到低确定一个拟中标供应商(得分高者),一个候选中标供应商,并出具评审报告。

31.2 出现下列情形之一的,采购单位可以直接确定排名第二的候选供应商为中标成交供应商。但需书面说明情况,并报县采购办审核确认。

A. 排名第一的候选供应商,因自身原因放弃中标成交或因不可抗力不能履行合同的;

B. 提供的货物在完全能够满足采购需求的前提下,排名第二的候选供应商报价低于排名第一的20%(含20%)以上的;

C. 经质疑,采购组织机构审查确认因排名第一的候选供应商在本次采购活动中存在违法违规行为或其他原因使质疑成立的。

32. 中标公示

32.1 将本次采购拟中标供应商在浙江省政府采购网及德清县招投标中心网站上公示7日,如有异议,参照本采购文件第33条款提出质疑。

33. 拒绝任何或所有投标的权利

33.1 评标委员会经评审,认为所有投标都不符合招标文件要求的,可以否决所有投标。

33.2 如果第一候选人不能按照招标文件要求及其投标文件的承诺签订合

同或其投标文件与事实不符,影响采购的公平公开及合同的实施,采购人有权在授予合同前任何时候依照法定程序将合同授予第二候选人。如果第二候选人仍无法签订合同,采购人将依法接受或拒绝任何投标,并宣布采购无效,对受影响的投标人不承担任何责任,也无义务向受影响的投标人解释采取这一行动的理由。

33.3 出现影响采购公正的违法、违规行为的。

33.4 投标人的报价均超过采购预算,采购人不能支付的。

33.5 因重大变故,采购任务取消的。

34. **评审结果质疑与投诉**

34.1 如投标人对评审结果有异议,可向某县政府中心提出质疑,有关联系方式如下:

受理机构:某县政府采购中心;

联系电话:

如投标人对质疑答复不满意或招标人未在规定期限内作出答复的,可在答复期满15个工作日内向某县政府采购管理办公室提出投诉,有关联系方式如下:

受理机构:某县政府采购管理办公室

投诉电话:

授 予 合 同

35. **合同授予标准**

35.1 采购人将合同授予获接受的投标人。

36. **中标通知**

36.1 招标人在浙江省政府采购网及德清县招投标网上发布预中标公示。

36.2 公示期满后,招标人将用书面形式向获接受的投标人发出书面的《中标通知书》。

36.3 《中标通知书》将是合同的一个组成部分。

36.4 招标人对未中标的投标人不作未中标原因的解释。

37. **签订合同**

37.1 在收到《中标通知书》后,中标供应商按照"通知书"指定的时间、地点,派遣其授权代表前往与采购人签署书面合同。供应商不得再要求订立背离合同实质性内容的其他合同或要求采购人签署其他任何声明或合同,否则将被取消其政府采购供货商资格。

37.2 招标文件、中标供应商的投标文件及投标修改文件、评标过程中有关澄清文件、经双方签字的询标纪要和中标通知书,均应作为签订合同的依据。

37.3 拒签合同的责任

中标方接到中标通知书后,在规定时间内借故否认已经承诺的条件而拒签合同或拒交履约保证金者,以投标违约处理,其投标保证金不予退回,并赔偿招标人由此造成的直接经济损失。采购人未按规定的时间、地点与中标方签订合同,按中标价金额的2%支付违约金。

38. 货款的支付

付款方式:验收完成付95%,余款验收完成1年后付清。

第三章　招标内容及技术要求

1. **说明**

1.1 本招标文件所提出的货物技术标准是基本的技术标准和使用功能,并未规定所有的技术要求和适用标准,供应商应提供一套满足所列标准要求的高质量的产品及相应服务。

1.2 本招标货物应按国际标准、国标、部标或专业标准制造;非标准货物按采购人提供的要求制造;质量标准按照国家有关规定及合同约定进行验收。

1.3 所有货物、零部件均由具有生产制造资格的企业提供,并由供应商负总责任。

1.4 本技术要求使用的标准如与供应商所执行标准发生矛盾时,按较高标准执行。

2. **项目情况**

2.1 安装地点:某县内。

2.2 完工时间:合同签订后7个工作日内。

3. **其他要求**

3.1 质量保证

A. 所有设备及其附属部件必须为原厂原装,不得擅自开封。验货时必须出具制造商对本次提供设备的序列号所对应的证明原件,且证明该最终用户为采购人。如发现供应商提供假货,采购人将追究其法律责任。需在《投标文件》中承诺。

3.2 售后服务承诺

A. 接到上门维修通知后,供应商应在5小时内赶到现场,查找原因,提出解决方案,并工作直至完全恢复正常服务为止,要求在8小时内解决问题,如无法解决,应提供同档次的设备予以代用。供应商需要在投标文件中承诺实现的措施。

B. 保修期结束前,须由供应商技术人员和采购人代表进行一次全面检查,任何缺陷必须由供应商负责修理,在修理之后,供应商应将缺陷原因、修理内容、完成修理及恢复正常的时间和日期等报告给采购人,报告一式两份。

3.3 交货要求

A. 中标人在合同规定的地点负责组织将货物按期运抵委托人的工作现场,提单日期为交货日期。货物的运输和保险及中国政府根据现行税法向中标人征收的与履行本合同有关的一切税费均由中标人承担;中标人应以单机成套形式交货;

B. 货物随箱应附有下列资料:

a) 详细装箱单;

b) 产品合格证及检验记录;

c) 安装操作与维修说明书及其他技术文档。

3.4 安装调试及检验

A. 中标人交付的货物必须是全新的无缺陷的;

B. 中标人应按照招标文件规定的技术要求和范围提供有关货物,并提供主要设备及产品的质量检验证明文件;

C. 中标人提供的货物运抵现场后,由中标人、委托人及有关人员同时在场进行现场开箱检验,检验无误后,货物移交给委托人;

D. 中标人、采购人及有关人员同时在场进行现场安装调试,安装调试后设备的各种性能和参数应满足招标文件规定的技术要求,验收合格后,填具验收合格报告单,该验收报告单作为正式交付用户使用的必须文件之一,也是作为采购人付款的必须文件之一。

招标货物技术要求

1. 县级新农合前置服务器

序号	指标项	配置要求	数量
(1)	参考品牌	HP、IBM 或同档次及以上产品	1台
(2)	机型	机架式服务器	
(3)	CPU	配置 4 个 Intel 最新一代四核处理器 7430,主频≥2.13GHz,前端总线 1066 MHz	
(4)	内存	当前标配＞＝16GB PC2－5300 DDR II 内存,可扩展＞＝256GB	
(5)	硬盘	当前标配 3 个 146GB 15K2.5″SAS 双通道热插拔硬盘,可扩展至＞＝4 个	
(6)	PCI 槽	7 个 PCI－Express 高性能 I/O 扩展插槽	
(7)	阵列卡	配置阵列卡,缓存＞＝256MB,支持 RAID－0、RAID－1、RAID5 等功能	
(8)	网卡	2 口 10/100/1000MB 网卡	
(9)	附件	配置冗余电源、DVD—ROM、必配配件及线缆等	
(10)	支持操作系统	32 位和 64 位 Microsoft® Windows Server® 2008(标准版、企业版和数据中心版)、32 位和 64 位 Red Hat Enterprise Linux® 和 SUSE Enterprise Linux(Server 和 Advanced Server)、VMware ESX Server	
(11)	保修服务	原厂 3 年 7 * 24 售后服务。	

2. 网上征缴/WEB 服务器

序号	指标项	配置要求	数量
(1)	参考品牌	HP、IBM 或同档次及以上产品	1台
(2)	机型	机架式服务器	
(3)	CPU	配置 4 个 Intel 最新一代四核处理器 7430,主频≥2.13GHz,前端总线 1066 MHz	
(4)	内存	当前标配>＝16GB PC2－5300 DDR II 内存,可扩展>＝256GB	
(5)	硬盘	当前标配 4 个 300GB 10K2.5″ SAS 双通道热插拔硬盘,可扩展至>＝4 个	
(6)	PCI 槽	7 个 PCI－Express 高性能 I/O 扩展插槽	
(7)	阵列卡	配置阵列卡,缓存>＝256MB,支持 RAID－0、RAID－1、RAID5 等功能	
(8)	网卡	2 口 10/100/1000MB 网卡	
(9)	附件	配置冗余电源、DVD—ROM、必配配件及线缆等	
(10)	支持操作系统	32 位和 64 位 Microsoft® Windows Server® 2008(标准版、企业版和数据中心版)、32 位和 64 位 Red Hat Enterprise Linux® 和 SUSE Enterprise Linux(Server 和 Advanced Server)、VMware ESX Server	
(11)	保修服务	原厂 3 年 7 * 24 售后服务。	

3. 省、市级新农合数据交换服务器

序号	指标项	配置要求	数量
(1)	参考品牌	HP、IBM 及以上产品	1台
(2)	机型	机架式服务器	
(3)	CPU	主机标配 2 个 Intel E5520 四核至强处理器,频率＞＝2.26 GHz/EM64T	
(4)	内存	当前标配＞＝8GB 内存(单条内存 2GB),可扩展＞＝128GB,DIMM 槽＞＝16 个	
(5)	硬盘	当前标配 3 个 146GB 15K2.5″ SAS 双通道热插拔硬盘,可扩展至＞＝12 个	
(6)	PCI 槽	4 个 PCI－Express 或 2 个 PCI－X 和 2 个 PCI－Express	
(7)	阵列卡	配置独立阵列卡,缓存＞＝256MB,支持 RAID－0、RAID－1、RAID5 等功能	
(8)	网卡	2 口 10/100/1000MB 网卡,带 TCP－IP 卸载引擎	
(9)	附件	配置冗余电源、DVD－ROM、必配配件及线缆等	
(10)	系统管理	集成的服务处理器、诊断 LED、下拉式光通路诊断面板、服务器自动重启、Remote Supervisor Adapter II SlimLine 选件、ServerGuide™ 和远程部署管理器选件	
(11)	支持操作系统	Microsoft® Windows Server® 2003、Windows® 2000/Advanced Server、Red Hat Linux®、SUSE Linux、Novell NetWare、VMware ESX Server	
(12)	保修服务	原厂 3 年 7*24 售后服务	
其他	路由器网卡	RT－FIC－2FE－H3,2 端口十/百兆以太网电接口模块(RJ45)(用于连接省级新农合交换平台)	1块

第四章　合同主要条款

（仅供参考）

1. **定义**

本合同中的下列术语应解释为：

1.1 "合同"系指供需双方签署的、合同格式中载明的供需双方所达成的协议，包括所有的附件、附录和构成合同的所有文件；

1.2 "合同价"系指根据合同规定，需方在供方完全履行合同义务后应付给的价格；

1.3 "货物"系指供方根据合同规定向需方提供的一切设备、质量保证书和其他技术资料及技术参数；

1.4 "服务"系指根据合同规定供方承担与供货有关的辅助服务，如运输、装卸、安装、保险以及其他的服务，例如安装、调试提供技术援助、培训和其他类似的义务；

1.5 "需方"系指具体使用货物和接受服务的使用单位（即采购人）；

1.6 "供方"系指根据合同规定提供采购项目货物和服务的具有法人资格的公司、企业或实体（即供应商）。

2. **合同项目与内容**

某县农村合作医疗办公室网络设备采购项目

3. **供货时间与交货地点**

3.1 完工时间：签订合同后7个工作日内

3.2 交货地点：某县内

4. **标准**

4.1 国家有强制性标准的，执行国家强制性标准。

4.2 货物质量按最新颁发的国家标准执行；国家没有规定的按地方标准执行，国家与地方均没有规定的，按行业或厂商规定执行。国家、地方规定标准低于行业或厂商标准的按行业或厂商标准执行，就高不就低。

5. **技术规范**

本合同执行国家及本省、市现行施工及验收规范及有关条例、实施办法等。

提供和交付的货物及相关服务的技术规范应与招标文件规定的技术规范相一致。

6. **专利权**

供方应保证需方在使用时不受第三方提出侵犯其专利权、商标权等知识产权的起诉。

7.包装

供方应提供货物运至合同规定的最终目的地所需要的包装,以防止货物在转运中损坏。这类包装应采取防潮、防晒、防锈防腐蚀、防震动及防止其他损坏的必要保护措施,从而保护货物能够经受多次搬运、装卸和内陆的长途运输。供方应承担由于其包装或其防护措施不妥而引起货物锈蚀、损坏和丢失的任何损失的责任或费用。

8.装运标记

8.1 供方应在每一包装箱的四面用不可擦除的油漆和明显的中文字样做出以下标记:

8.1.1 收货人;

8.1.2 合同号;

8.1.3 发货标记;

8.1.4 收货人编号;

8.1.5 目的港;

8.1.6 货物名称、品目号和箱号;

8.1.7 毛重/净重(用 kg 表示);

8.1.8 尺寸(长×宽×高,用 cm 表示)。

8.2 如果单件包装箱的重量在 2 吨或 2 吨以上,供方应在包装箱两侧用通用的运输标记标出"重心"和"起吊点"以便装卸和搬运。

根据货物的特点和运输的不同要求,供方应在包装箱上清楚地标注"小心轻放"、"此端朝上,请勿倒置"、"保持干燥"等标记。

9.装卸要求

除合同另有规定外,供方提供的全部货物,均应按标准采取保护措施,确保货物安全无损运抵现场。由于装卸或运输途中一切不善所造成的损失均由供方承担。

10.装运条件

供方负责安排运输,运输中的一切费用由供方承担。

11.装运通知

供方应在合同规定的装运日期之前,将合同号、货物名称、数量、箱数、总毛重、总体积(用 m^3 表示)、运输工具以传真形式通知需方。具体安装时间以需方通知为准。

12.货物就位

供方负责所供货物就位,如受条件影响就位,供方负责货物拆装,就位一切费用由供方负责。

13. **付款方法和条件**

付款方式应优于下列付款条件，当付款方式劣于下列要求则视为不响应本次招标：

项目安装调试完毕并验收通过后，支付合同价款的95％；项目合同价款的5％在1年内付清。

14. **支付**

14.1 支付应使用人民币；

14.2 提交下列单据后结算：

14.2.1 生产厂家出具的出厂合格证书和质量检验报告；

14.2.2 商业发票一份，其金额为所签合同的相应金额；

14.2.3 双方签字验收的验收证书一份。

15. **技术服务及货物的安装、调试**

15.1 供方应负责安排需方相关人员进行操作、维修的培训，具体时间及培训内容在投标时由供方提出建议；

15.2 合同所指的货物到达需方工地现场后，供方应在收到需方通知后，派专业安装技术人员前往需方现场进行安装调试，并提供详细的作业流程图及相关人数、技术级别、服务内容和逗留时间等；

15.3 安装调试期间的一切费用由供方自理。

16. **售后服务及承诺**

16.1 供方应明确承诺售后服务各项内容和措施，提供详细的服务地点、联系人、电话等有关资料；

16.2 投标设备的质保期至少为招标文件要求的年限，在质保期内，因货物的维修和保养所发生的一切费用均由供方承担；

16.3 货物签约的同时，双方可签订质保期满后的维修保养协议或合同；

16.4 供方在收到需方维修通知后须按投标文件的承诺及时进行现场响应。

17. **备件**

正如合同条款所规定，供方可能被要求提供下列与备件有关的材料、通知和资料：

17.1 需方从供方选购备件，但前提条件是该选择并不能免除供方在合同保证期内所承担的义务；

17.2 在备件停产的情况下，供方应事先将要停止生产的计划通知需方，使需方有足够的时间采购所需的备件；

17.3 在备件停产后，如果需方要求，供方应免费向需方提供备件的蓝图等相关技术资料。

18. **技术质量保证**

18.1 供方应保证提供的货物是最近生产的原装合格正品,并完全符合规定的质量、规格和性能的要求。供方应保证货物经过正确安装、正常使用和保养条件下,在其使用寿命内应具有满意的性能。

18.2 合同货物提交前,供方应将其有关技术资料一套,如使用指南或服务手册和示意图提交给需方;

18.3 质保期以项目安装完毕并经采购人组织验收合格起计算;

18.4 供方对提供的货物执行一定的保质期限,供方应对保质期内由于货物的缺陷(非人为因素)而引发的任何不足负责,费用由供方承担;

18.5 需方应尽快以书面形式通知供方由于货物缺陷而发生的索赔;

18.6 供方在收到通知后3天内应免费更换有缺陷的材料;

18.7 如果供方在收到通知后3天内没有弥补缺陷,需方可采取必要的补救措施,但风险和费用将由供方负责。

19. **检验和测试**

19.1 需方或其代表应有权检验或测试货物,以确认货物是否符合合同规定的要求,并且不承担额外的费用。合同条款和技术规格应说明需方要求进行的检验和测试。需方应及时以书面形式把检验或需方测试代表的身份通知供方;

19.2 检验和测试应在货物的最终目的地进行;

19.3 如果任何被检验或测试的货物不能满足规定要求,需方可以拒绝接受该货物,供方应更换被拒绝的货物,或者免费进行必要的修改以满足规定的要求;

19.4 在交货前,供方应指定制造商对货物的质量、规格、性能、数量和重量等进行详细而全面的检验,并出具一份证明货物符合合同规定的检验证书,检验证书是付款时提交给需方的重要文件,但不能作为有关质量、规格、性能、数量或重量的最终检验。

20. **验收**

20.1 中标货物验收标准按最新颁发的国家标准执行;国家没有规定的按地方标准执行,国家与地方均没有规定的,按行业规定执行。国家、地方规定标准低于行业标准的按行业标准执行,就高不就低。国家、地方、行业均没有验收标准的,则在获取需方同意后,按双方商定的标准执行。

20.2 验收费用由供方承担。

21. **索赔**

21.1 如果供方对偏差负有责任而需方在合同条款规定的检验、安装、调试、验收和质量保证期内提出了索赔,供方应按照需方同意的下列一种或几种方式结合起来解决索赔事宜：

21.1.1 供方同意退货并用合同规定的货币将货款退还给需方，并承担由此发生的一切损失和费用，包括利息、银行手续费、运费、保险费、检验费、仓储费、装卸费以及为看管和保护退回货物等所需的直接费用，以及包括延误项目实施造成的经济损失；

21.1.2 根据货物的偏差情况、损坏程度以及需方所遭受损失的金额，经供需双方商定降低货物的价格；

21.1.3 用符合合同规定的规格、质量和性能要求的新零件、部件和/或货物来更换有缺陷的部分和/或修补缺陷部分，供方应承担一切费用和风险并负担需方蒙受的全部直接损失，同时，供方应按合同规定，相应延长所更换货物的质量保证期。

21.1.4 如果在需方发出索赔通知后三十(30)天内，供方未作答复，上述索赔应视为已被供方接受，如供方未能在需方发出索赔通知后三十(30)天内或需方同意的延长期限内，按照需方同意的上述规定的任何一种方法解决索赔事宜，需方将以合同付款或从供方开具的履约保证金中扣回索赔金额。

21.1.5 如果在合同条款规定的保质期内，根据质量检验机构的检验结果，发现货物的质量或规格与合同要求不符，或货物被证实有缺陷包括潜在的缺陷或使用不合适的材料，需方应向供方提出索赔；

21.1.6 合同条款的规定不能免除供方在本合同项下的保证义务或其他义务。

22. 迟交货

22.1 需方的"供货计划一览表"在合同签订的同时提交给供方。供方需按照需方提供的"供货计划一览表"中规定的时间、数量交货和提供服务；

22.2 在供货期间，如遇中标货物型号停产或市场断货，供方可在不改变品牌并获取需方书面同意后提供相当于（或优于）中标货物技术性能、档次的替代产品；

22.3 如果供方毫无理由地拖延交货，将受到以下制裁：赔偿损失或终止合同；

22.4 在履行合同过程中，如果供方遇到不能按时交货和提供服务的情况，应及时以书面形式将不能按时交货的理由、延误时间通知需方，并承担由此造成的法律和经济责任；

22.5 供方按照"供货计划一览表"中规定的时间、数量如期供货，需方由于自身原因无法及时验收，造成货物积压，需方应赔偿由此给供方所造成的直接损失费用。

23. 不可抗力

23.1 如果双方任何一方由于严重火灾、水灾、台风和地震以及其他经双方同意属于不可抗力的事故,致使影响合同履行时,履行合同的期限应予以延长,延长的期限应相当于事故所影响的时间;

23.2 受事故影响的一方应在不可抗力发生后 3 天内以电报或电传通知另一方,并在事故发生后 14 天内,将有关部门出具的证明文件寄给另一方。

24. 税

本合同执行中相关的一切税费均由供方负担。

25. 供方履约延误

25.1 供方应按照"供货计划一览表"中需方规定的时间表交货和提供服务;

25.2 在履行合同过程中,如果供方不能按时交货和提供服务,应及时以书面形式将拖延的事实、可能拖延的时间和原因通知需方。需方在收到供方通知后,应尽快对情况进行评价,并确定是否同意延长交货时间以及是否收取误期赔偿费,延期应通过修改合同的方式由双方认可;

25.3 除了合同条款规定的情况外,除非拖延是根据合同条款的规定并取得双方同意而不收取误期赔偿费之外,供方延误交货将按合同条款的规定被收取误期赔偿费。

26. 误期赔偿费

除了合同条款规定的情况外,如果供方没有按照合同规定的时间交货和提供服务,需方应在不影响合同项下的其他补救措施的情况下,以合同价款中扣除误期赔偿费。延期 10 天以内每延期一天扣罚合同价款的百分之零点五(0.5%),延期 10 天以上每延期一天扣罚合同价款的百分之一(1%),累计在履约保证金中扣除,若履约保证金扣完不够,继续从合同价款中扣除。

27. 违约终止合同

27.1 在需方对供方违约而采取的任何补救措施不受影响的情况下,需方可向供方发出书面违约通知书,提出终止部分或全部合同;

27.2 如果供方未能在合同规定的期限内或需方根据合同条款的规定同意延长的期限内提供部分或全部货物;

27.3 如果供方未能履行合同规定的其他任何义务;

27.4 如果需方认为供方在本招投标竞争和合同实施过程中有腐败和欺诈行为。为此目的,定义下述条件:

27.4.1 "腐败行为"是指提供、给予、接受或索取任何有价值的物品来影响公共官员在采购过程或合同实施过程中的行为;

27.4.2 "欺诈行为"是指为了影响采购过程或合同实施过程而谎报事实,

损害需方利益的行为。

27.5 如果需方根据合同条款的规定,终止了全部或部分合同,需方可以依其认为适当的条件和方法购买与未交货物类似的货物,供方应对购买类似货物所超出的那部分费用负责。但是,供方应继续执行合同中未终止的部分。

28. 仲裁

28.1 在执行本合同中所发生的或与本合同有关的一切争端,供需双方应通过友好协商解决,如从协商开始15天内仍不能解决,双方应将争端提交某市仲裁委员会仲裁或直接向需方所在地的人民法院起诉;

28.2 如果提请仲裁,仲裁裁决书应为终局裁决,对双方均有约束力;

28.3 仲裁费用应由败诉方负担;

28.4 如果向人民法院起诉,在收到判决书后,如有异议,有异议方应在收到判决书后在法定时间内提出上诉,逾期未提出的,判决有法律效力,双方应遵照执行;

28.5 在仲裁或起诉期间,除进行仲裁或起诉的部分外,本合同其他部分应继续执行。

29. 转让或分包

29.1 本合同范围的货物,应由供方直接供应,不得转让他人供应;

29.2 除非得到需方的书面同意,供方不得将全部或部分分包给他人供应。需方有绝对权力阻止分包。虽然需方之前未有阻止分包,需方仍有权抛弃任何分包人,并有权要求任何分包人脱离本货物的供应和服务;

29.3 本合同全部或部分的分包不能减轻供方承担的责任,供方仍须将分包人的任何行动、错误或疏忽当做是自己完成的并负全责;

29.4 在任何分包合同中,须注明分包人按分包合同的范围履行,在供方按本合同的履行终止时(不论任何原因),亦同时一并终止;

29.5 如有转让和未经需方同意的分包行为,需方有权终止合同。

30. 适用法律

合同适用法律有《中华人民共和国政府采购法》、《中华人民共和国合同法》、《中华人民共和国产品质量法》和浙江省有关条例等。

31. 合同生效及其他

31.1 本合同经双方法人及法定代表人签字盖章生效;

31.2 本合同一式四份,供、需方各执一份;德清县政府采购中心二份。

第五章　投标文件格式

本章节内容提供部分投标文件格式,招标文件中要求,但未提供格式的,须由投标人自行制作。

附件1:

投　标　函

致德清县政府采购中心:

　　___(投标人全称)___ 授权 ___(授权代表名称、职务、职称)___ 为本公司授权代表,参加贵方组织的 ___(招标项目名称,括号内填项目编号)___ 招标的有关活动,进行投标。为此声明如下:

1. 按照招标文件要求制作并提交规定的投标文件正本一套,副本三套。
2. 本次投标的总报价为:人民币_____元整(￥_____元)。
承诺交货时间:至合同签订后_____个工作日内交货且安装调试完毕;
工程项目负责人:_____;职务:_____;职称:_____;年龄:_____。
3. 保证遵守招标文件中的有关规定和收费标准。
4. 保证严格执行甲、乙双方所签的经济合同,并承担全部规定的责任义务。
5. 投标人已详细审查全部招标文件,包括招标补充文件(如果有的话)。我们完全理解并同意放弃对这方面有不明及误解的权力。
6. 愿意向贵方提供任何与该项投标有关的数据、情况和技术资料,完全理解贵方不一定接受最低价的投标。
7. 本投标书对招标文件要求的偏离或保留均已在投标书第____页、第____条中明示或在投标偏离表中明示。
8. 本投标自开标之日起90天内有效。
9. 与本投标有关的一切往来通讯请寄:
地址:_____
邮编:_____ 电话:_____ 传真:_____
投标人(盖章):
授权代表(签字):
日期:

附件2：

开标一览表

招标项目名称：　　　　　　　　招标编号：

序号	投标项目	投标总价（人民币元）	产品品牌型号	交货及安装调试完成时间
1				合同签订后_____个工作日
投标总价（大写）：				￥：

注：开标一览表（报价表）上的价格应包括货物价格、标准附件、随机备品备件、专用工具、运输、装卸、安装调试、验收合格所需的各种费用及必要的保险费用和各项税金等完成采购项目所需的所有费用的总和，应为履行合同的最终价格，其市场风险由投标人承担。

投标人（盖章）：

授权代表（签字）：

日期：

附件 3：

投标报价明细表

招标项目名称： 招标编号：

序号	设备名称	品牌规格型号	产地	数量	单价（人民币元）	总价（人民币元）	质保期限

设备总价	
运输费用	
安装及调试配合费用	
其他相关费用	
合计总价（应与开标一览表中投标总价相一致）	

注：其中品牌规格型号指笔记本的品牌型号。

投标人在填报投标报价明细表时必须按照采购需求货物清单内容逐项报价，不得随意更改序号、货物名称、单位、数量，否则有可能被视为无效投标。

投标人（盖章）：

授权代表（签字）：

日期：

附件 4：

法定代表人授权委托书

致德清县政府采购中心：

　　本授权委托书声明：我 ＿＿（法定代表人姓名）＿＿ 系 ＿（投标人名称）＿ 的法定代表人，现授权委托 ＿（单位名称）＿ 的 ＿（授权代表姓名）＿ 为我公司法定代表人授权代表，参加贵处组织的 ＿（招标项目名称，括号中填写项目编号）＿ 项目投标，全权处理本次招投标活动中的一切事宜，我承认授权代表全权代表我所签署的本项目的投标文件的内容。

　　授权代表无转授权，特此授权。

授权代表：＿＿（签字）＿ 性别：＿＿ 年龄：＿＿＿

身份证号码：＿＿＿＿＿＿＿＿＿＿＿ 职务：＿＿＿

详细通讯地址：＿＿＿＿＿＿＿＿＿ 邮政编码：＿＿＿＿＿

电话：＿＿＿＿＿＿＿＿ 传真：＿＿＿＿＿＿＿＿＿＿＿

投标人：＿＿＿＿＿＿＿＿＿＿＿＿＿＿＿＿＿＿（盖章）＿

法定代表人：＿＿＿＿＿＿＿＿＿＿＿＿（签字或盖章）＿

授权委托日期：＿＿＿年＿＿＿月＿＿＿日

注：本法定代表人授权书正本一式二份，商务标正本中有一份，另一份在递交标书时，随授权代表身份证一起交验。

附件5：

企业荣誉情况

企业荣誉证书（提供复印件并加盖公章）。

投标人全称（加盖公章）：　　　　　　招标文件编号：

序号	证书名称	颁发机构	颁发时间	备注

注：1. 企业荣誉是2008年1月1日至今由行政部门颁发的荣誉证书。

2. 此表仅提供了表格形式，投标人应根据需要准备足够数量的表格来填写。

投标人（盖章）：

授权代表（签字）：

日期：

附件6：

企业业绩情况

投标人全称（加盖公章）： 　　　招标文件编号：

序号	业主方	合同金额	签订时间	业主联系人	联系方式

注：企业业绩是2008年1月1日至今类似项目的合同。须提供合同复印件并加盖公章制作于商务标内。

投标人（盖章）：
授权代表（签字）：
日期：

附件7：

商务偏离表

招标项目名称：　　　　　　　　　招标编号：

序　号	内容	招标文件规范要求	投标文件对应规范	备　注

注：本表格为商务要求中除报价以外的其他要求，完全响应招标文件要求则填"无"。此表可在不改变格式的情况下自行制作。

投标人（盖章）：
授权代表（签字）：
日期：

附件8：

设备详细配置及性能描述清单

招标项目名称：　　　　　　　　　　招标编号：

序号	设备名称	品牌型号	详细配置 （或技术参数）	数量	质保期限	备注

此表可在不改变格式的情况下自行制作

投标人(盖章)：

授权代表(签字)：

日期：

附件9：

技术规格偏离表

招标项目名称：   招标编号：

序号	货物名称	招标文件要求	投标文件对应	是否响应	偏离	说明

注：对每个需求的响应必须遵循如下规则：

  1. 根据设备清单顺序，重复该需求；

  2. 用"是/否"响应来表明该需求是否被满足（描述性需求）；

  3. 描述投标方案如何满足该需求；

  4. 解释投标方案与用户需求之间的偏差；

  5. 用数量来表示的需求，必须用确切的数字、单位来响应。

此表可在不改变格式的情况下自行制作

投标人（盖章）：

 授权代表（签字）：

  日期：

附件 10：

随机备品备件清单

招标项目名称：　　　　　　　　　　招标编号：

备件名称	产地	数量	单位	价格（元）		备注
				单价	总价	

注：1. 本表所列为随投标项目所带的备品备件；

  2. 本表中所列价格应计入投标总价；

  3. 此表仅提供了表格形式，投标人应根据需要准备足够数量的表格来填写。

投标人（盖章）：

授权代表（签字）：

日期：

附件11：

项目负责人资格情况表

招标项目名称：　　　　　　　　　招标编号：

姓名		近年来主要工作业绩
性别		
年龄		
职称		注：业绩证明应提供旁证材料（供货合同或中标通知书）。
毕业时间		
学校专业		
联系电话		
最近一年工作状况		
拟在本项目中担任主要工作		

注：须随表提交学历、职称证书复印件。

投标人（盖章）：
授权代表（签字）：
日期：

第六章 评标办法及标准

根据《中华人民共和国政府采购法》《政府采购货物和服务招投标管理办法》的相关规定，根据编号"DQZFCG－2010－G05"的《招标文件》中相关内容，特制定本评标办法。

一、总则

评标工作将遵循"公平、公正、科学"的原则，全面评价、竞争择优原则以及诚信、效益原则。以规范、严谨的工作态度，认真评选，择优选定本项目中标供应商，确保交货与采购设备质量，节约投资，最大限度地保护当事人权益，严格按照招标文件的商务、技术要求、售后服务对投标文件进行综合评定，选取最佳方案，编写评标报告。评标人员必须严格遵守保密规定，不得泄漏有关评标的情况，不得索贿受贿，不得接受宴请和礼品，不得参加影响公正评标的有关活动。对未中标单位，评标委员会不作任何解释。投标人不得以任何方式干扰和影响评标工作进行，一经发现，其投标文件将被拒绝。

二、评标委员会

评标工作由招标人依法组建的评标委员会负责，评标委员会由采购人代表及省政府采购专家库中随机抽取的有关技术专家共同组成（人数共5人）。评标全过程由有关监督管理部门监督，并由德清县公证处公证。

三、评标办法

本次评标采用"百分制综合评分法"。

四、评标程序

1. 开标后，评标委员会成员首先对投标书各项内容进行符合性审查。凡投标书资信、技术和商务标的实质性内容和格式或授权等严重不符合招标文件规定或不响应招标文件要求者，评标委员会（按少数服从多数原则）认定作为无效投标，予以废除。

2. 符合性审查内容主要包括：
①投标文件提交的资质证明材料，是否满足本次招标的资质要求；
②投标文件是否按照招标文件的格式要求填写，字迹是否清晰可辨；
③投标文件中法定代表人或授权代表的签字手续是否齐全；
④投标文件是否与招标文件有其他重大偏离；
⑤招标文件要求的有关内容是否齐全；
⑥投标产品型号、规格、数量、生产商等的相应确认；
⑦投标文件是否附有招标人不能接受的条款。

3. 评标委员会成员将根据投标人的技术方案、资信、所提供产品的性能及售后服务等内容分别对投标文件进行分析、评议。对投标书中的疑问,由评标委员会对投标人进行询标,投标人要向评标委员会澄清有关问题,并最终以书面形式进行答复。但不得在询标过程中修改投标书的实质性条款内容。

4. 本次评标采用"百分制综合评分法"。由评标委员成员对各投标文件中的技术标和商务标(报价除外);按评分分值安排分别进行综合评分。取各评委独立评分结果汇总数减去一个最高分和一个最低分后的算术平均分作为该投标供应商的得分(报价分除外);之后,由采购中心会同公证人员向各投标供应商宣布各自的得分(报价分除外),再当众开启并公布各投标供应商的商务报价,唱完价格后,由各投标供应商对唱标情况进行确认,再由评审委员会对各报价文件进行审查,得出价格分数,并计算出总分。

5. 编写评标报告:评标委员会将计算所得的分数最高和次高的两名投标人,依法作为第一、第二中标候选单位向招标人推荐,并提交评标报告。若出现得分并列,则以投标报价低的排名在前,经评标委员会全体成员签字确认后,由采购人或招标人决标。

6. 决标:招标人对评标报告充分评议研究后,招标人根据评标报告确定排名第一的中标候选人为拟中标人,现场公布评标结果,在采购人确认后,在原发布招标公告的媒体上进行7个工作日的预中标公示。若排名第一的中标候选人放弃中标,或者提出不能履行合同,则视其为违约,投标保证金将被没收,并取消其中标资格,招标人可选择第二名候选的中标人为中标人。

7. 如无第二个中标候选人,或者排名第二的中标候选人因前款原因不能签订合同的,则本次招标失败,重新组织招标。

8. 预中标公示期满后,招标人向中标人发出中标通知书。

9. 招标人对决标结果不做任何解释,也不保证最低报价者中标。

投标供应商的得分(报价分除外)=(评标委员会所有成员评分合计数-最高分-最低分)/(评标委员会组成人员数-2)

五、评分标准(评分细则在开标会现场公布)

(一)商务部分:(60分)

1. 商务报价:(40分)

以满足招标文件要求(实质性响应)且投标价格最低的有效投标报价为评标基准价,投标报价等于基准价得40分;投标报价高于基准价的,统一按照下列公式计算:

投标报价得分=(评标基准价/投标报价)×40(百分点保留2位小数点,得分保留2位小数,第3位四舍五入,下同)。

2. 投标单位情况及业绩:(7分)

A. 投标单位情况;

B. 投标单位荣誉证书和相关资质证书;

C. 投标单位同类项目实施情况一览表、合同复印件、用户评价等。

3. 售后服务与承诺:(12分)

A. 质保期响应情况;

B. 维修(现场)响应时间;

C. 提供的售后服务内容的整体情况;

D. 交货期和供货保障措施;

E. 质保期后服务价格和零配件价格。

F. 投标人提出的对采购项目有建设性的承诺;

4. 投标文件封装及标书质量:(1分)

(二)技术部分:(40分)

由评标委员会成员对投标文件的技术部分充分审核、综合比较与评价后独立评分,每人一份评分表,打分后在评分表上签名。投标人技术部分的最终得分为评标委员会成员的有效评分的算术平均值。

A. 投标货物响应招标文件要求的实质性技术要求、参数的情况;

B. 投标产品的荣誉证书及相关认证证书等情况;

C. 评委根据投标货物的品牌知名度、市场占有率分类打分;

D. 整体设备性能、稳定性等情况;

E. 技术方案和具体实施方案;

F. 投标产品是否列入国家自主创新目录和节能、环保目录的情况。

个案二:《房屋建筑和市政基础设施工程施工投标文件范本》

说 明

本投标文件为范本,投标单位投标时应根据自己的实际情况及招标文件、投标申请人资格预审须知等文件编制投标文件,投标文件由投标函部分、商务部分和技术部分三部分组成。

投标文件

项目编号:_____

项目名称:_____

投标文件内容:_____(投标文件投标函部分)_____

投标人:_____(盖章)

法定代表人或其委托代理人:_____(签字或盖章)

日期:_____年_____月_____日

一、法定代表人身份证明书

单位名称：_____

单位性质：_____

地　　址：_____

成立时间：_____年____月____日

经营期限：_____

姓　　名：_____ 性别：_____ 年龄：_____ 职务：____

系_____（投标人单位名称）_____的法定代表人。

特此证明。

投标人：_____（盖章）

日　　期：_____年_____月_____日

二、投标文件签署授权委托书

本委托书声明:我____（姓名）____系____（授权人名称)____的法定代表人,现授权委托(本单位名称)的（姓名）为我公司签署本工程的投标文件的法定代表人授权委托代理人,我承认代理人全权代表我所签署的本工程的投标文件的内容。

代理人无转委托权,特此委托。

代理人:(签字) 性别:_____ 年龄:_____

身份证号码:_____ 职务:_____

投标人:_____（盖章）

法定代表人:_____（签字或盖章）

委托授权日期:_____年_____月_____日

三、投标函

致:(招标人名称)

  1. 根据你方招标项目编号为_____ 的_____ 工程招标文件,遵照《中华人民共和国招投标法》等有关规定,经踏勘项目现场和研究上述招标文件的投标须知、合同条款、图纸、工程建设标准和工程量清单及其他有关文件后,我方愿以_____（币种、金额、单位）（小写） 的投标报价并按上述图纸、合同条款、工程建设标准和工程量清单的条件要求承包上述工程的施工、竣工,并承担任何质量缺陷保修责任。

  2. 我方已详细审核全部招标文件,包括修改文件(如有时)及有关附件。

  3. 我方承认投标函附录是我方投标函的组成部分。

  4. 一旦我方中标,我方保证按照合同协议中规定的工期____ 日历天内完成并移交全部工程。

  5. 如果我方中标,我方将按照规定提交上述总价____％的银行保函或上述总价____％的由具有担保资格和能力的担保机构出具的履行担保书作为履约担保。

  6. 我方同意所提交的投标文件在"投标申请人须知"第15条规定的投标有效期内有效,在此期间内如果中标,我方将受此约束。

  7. 除非另外达成协议并生效,你方的中标通知书和本投标文件将成为约束双方的合同文件的组成部分。

  8. 我方将与本投标函一起,提交____（币种、金额、单位） 作为投标担保。

    投 标 人:_____（盖章）
    单位地址:_____
    法定代表人或代理人:_____（签字或盖章）
    邮政编码:_____ 电话:_____ 传真:_____
    开户银行名称:_____
    开户银行账号:_____
    开户银行地址:_____
    开户银行电话:_____
    日期:____年____月____日

四、投标函附录

序号	项目内容	合同条款号	约定内容	备注
1	履约保证金 银行保函 履约担保书金额		合同价款的（　）% 合同价款的（　）%	
2	施工准备时间		签订合同后的（　）天	
3	误期违约金额		（　）元/天	
4	误期赔偿费限额		合同价款的（　）%	
5	提前工期奖		（　）元/天	
6	施工总工期		（　）日历天	
7	质量标准			
8	工程质量		（　）元	
9	预付款金额		合同价款的（　）%	
10	预付款保函金额		合同价款的（　）%	
11	进度款付款时间		签发月付款凭证后（　）天	
12	竣工结算款付款时间		签发竣工结算付款凭证后（　）天	
13	保修期		依据保修书约定的期限	

五、投标担保银行保函格式

（具体格式由担保银行提供）

六、投标担保书

致：_____（投标人名称）

　　根据本担保书，_____（投标人名称）作为委托人（以下简称"投标人"）和_____（投标担保机构）作为担保人（以下简称"担保人"）共同向_____（招标人名称）_____（以下简称"招标人"）承担支付_____（币种，金额，单位）_____（小写）的责任，投标人和担保人均受本担保书的约束。

　　鉴于投标人于_____年_____月_____日参加招标人的_____（招标工程项目）的投标，本担保人愿为投标人提供投标担保。

　　本担保的条件是：如果投标人在投标有效期内收到你方的中标通知书后：

　　1. 不能或拒绝按投标须知的要求签署合同协议书；

　　2. 不能或拒绝按投标须知的规定提交履约保证金；

　　3. 在投标有效期内撤回投标文件。

　　只要你方指明产生上述任何一种情况的条件时，则本担保人在接到你方以书面形式的要求后，即向你方支付上述全部款额，无需你方提出充分证据证明其要求。

　　本担保人不承担下述金额的责任：

　　1. 大于本担保书规定的金额；

　　2. 大于投标人投标价与招标人中标价之间的差额的金额。

　　担保人在此确认，本担保书责任在投标有效期或延长的投标有效期满后28天内有效，若延长投标有效期无需通知本担保人，但任何索款要求应在上述投标有效期内送达本人。

　　　　　　　　担保人：_____（盖章）
　　　　　　　　法定代表人或委托代理人：_____（签字或盖章）
　　　　　　　　地址：_____
　　　　　　　　邮政编码：_____
　　　　　　　　日期：_____年_____月_____日

七、投标保证金

_____:(建设单位名称)

 我单位接受贵单位的邀请,参加_____工程投标,根据招标文件的要求,我单位现递交投标保证金_____元(大写:_____整)

本保证义务的条件是:

(a)如果投标人在投标书中规定的投标书有效期内撤回标书;

(b)如果投标人在投标书有效期内接建设单位所发的中标通知书后:

   (1)未能或拒绝根据投标须知的规定,按要求签署合同协议书;

   (2)未能或拒绝按投标须知的规定,提供履约保证金。

(c)违反相关招标法规有关废标的规定。

招标人有权没收投标人的保证金。

 当投标人落标时,可退还招标文件及所附图纸等资料,同时招标人向其退还投标押金。(无息)

投标单位:(公章)

投标单位法人代表:(签字、盖章)

日期:_____年_____月_____日

八、招标文件要求投标人提交的其他投标资料

（本项无格式，需要时由招标人用文字形式提出）

投标文件

项目编号：_____

项目名称：_____
投标文件内容：_____（投标文件商务标部分）_____
投标人：_____（盖章）
法定代表人或其委托代理人：_____（签字或盖章）_____
日期：_____年_____月_____日

目录（采用综合单价形式的）

（本部分以招标文件要求及工程量清单软件的表格为准）
一、投标报价说明
二、投标报价汇总表
三、主要材料清单报价表
四、设备清单报价表
五、工程量清单报价表
六、措施项目报价表
七、其他项目报价表
八、工程量清单项目价格计算表
九、投标报价需要的其他资料

一、投标报价说明

1. 本报价依据本工程投标须知和合同文本的有关条款进行编制。

2. 工程量清单标价表中所填入的综合单价和合均价包括人工费、材料费、机械费、管理费、利润、税金以及采用固定价格的工程所测算的风险金等全部费用。

3. 措施项目标价表中所填入的措施项目报价。包括为完成本工程项目施工必须采取的措施所发生的费用。

4. 其他项目标价表中所填入的其他项目标价，包括工程量清单报价表和措施项目报价表以外的，为完成本工程项目施工必须发生的其他费用。

5. 本工程量清单报价表的每一单项均应填写单价和合价，对没有填写单价和合价的项目费用，视为已包括在工程量清单的其他单价和合价之中。

6. 本报价的币种为_____。

7. 投标人应将投标报价需要说明的事项，用文字书写与投标报价表一并报送。

工程施工招标项目编号：

项目名称：_____

招标文件内容：_____投标文件技术部分

投标人：(盖章)

法定代表人或其委托代理人：(签字或盖章)

日　期：_____年_____月_____日

目 录

一、施工组织设计

二、项目管理机构配备情况

三、拟分包项目情况表

一、施工组织设计

1. 投标人应编制施工组织设计,包括招标文件第一卷第一章投标须知中规定的施工组织设计基本内容。编制的具体要求是:编制时应采用文字并结合图表形式说明各部分项工程的施工方法;拟投入的主要施工机械设备情况、劳动力计划等;结合招标工程特点提出切实可行的工程质量、安全生产、文明施工、工程进度、技术组织措施,同时应对关键工序、复杂环节重点提出相应技术措施,如冬雨季施工技术措施、减少扰民噪音、降低环境污染技术措施、地下管线及其他地上地下设施的保护加固措施等。工程组织设计除采用文字表述外应附下列图表,图表及格式要求附后。

2. 施工组织设计除采用文字表述外应附下列图表,图表及格式要求附后。

2.1 拟投入的主要施工机械设备表1.1

2.2 劳动力计划表1.2

2.3 计划开、竣工日期和施工进度网络图表1.3

2.4 施工总平面图表1.4

2.5 临时用地表1.5

(1)拟投入的主要施工机械设备表

(工程项目名称)　　　　工程　　　　表1.1

序号	机械或设备名称	型号规格	数量	国别产地	制造年份	额定功率(KW)	生产能力	用于施工部位	备注

(2)劳动力计划表

(工程项目名称)　　工程　　表1.2　　单位:人

工种	按工程施工阶段投入劳动力情况						

注:1.投标人应按所列格式提交包括分包人在内的估计劳动力计划表。
　　2.本计划表是以每班八小时工作制为基础编制的。

(3)计划开、竣工日期和施工进度网络

表 1.3

1. 投标人应提交施工进度网络或施工进度表,说明按招标文件要求的工期进行施工的各个关键日期。中标的投标人还应按合同条件有关条款的要求提交详细的施工进度计划。

2. 施工进度表可采用网络图(或横道图)表示,说明计划开工日期和各分项工程各阶段的完工日期以及分包合同签订的日期。

3. 施工进度计划应与施工组织设计相适应。

(4)施工总平面图

表 1.4

投标人应交一份施工总平面图,绘出现场临时设施布置图表并附文字说明,说明临时设施、加工车间、现场办公、设备及仓储、供电、供水、卫生、生活等设施的情况和布置。

(5)临时用地表

(工程项目名称)　　　　工程　　　　表 1.5

用途	面积(m^2)	位置	需用时间

合计			

注:1.投标人应逐项填写本表,指出全部临时设施用地面积以及详细用途。
　　2.若本表不够,可加附页。

二、项目管理机构配备情况

(1)项目管理机构配备情况表　　　表1.6
(2)项目经理简历表　　　　　　　表1.7
(3)项目技术负责人简历表　　　　表1.8
(4)项目管理机构配备情况辅助说明资料

(1)项目管理机构配备情况表

(工程项目名称)　　　　工程　　　　表1.6

职务	姓名	职称	执业或职业资格证明					已承担在建工程情况	
			证书名称	级别	证号	专业	原服务单位	项目数	主要项目名称

一旦我单位中标,将实行项目经理负责制,并配备上述项目管理机构。我方保证上述填报内容真实;若不真实,愿按有关规定接受处理。项目管理班子机构设置、职责分工等情况另附资料说明。

(2)项目经理简历表

（工程项目名称）　　　　　工程　　　　　表1.7

姓名		性别		年龄	
职务		职称		学历	
参加工作时间			担任项目经理年限		
项目经理资格证书编号					
在建和已完工程项目情况					
建设单位	项目名称	建设规模	开、竣工日期	在建或已完	工程质量

(3)项目技术负责人简历表

（工程项目名称）　　　　　工程　　　　　表1.8

姓名		性别		年龄	
职务		职称		学历	
参加工作时间			担任技术负责人年限		
在建和已完工程项目情况					
建设单位	项目名称	建设规模	开、竣工日期	在建或已完	工程质量

(4)项目管理机构配备情况辅助说明资料

(工程项目名称) 　　　　　　工程 　　　　　表1.9

注:1.辅助说明资料主要包括管理机构的机构设置、职责分工、有关复印证明资料以及投标人认为有必要提供的资料。辅助说明资料格式不作统一规定,由投标人自行设计。

2.项目管理班子配备情况辅助说明资料另附(与本投标文件一起装订)。

三、拟分包项目情况表

（工程项目名称）　　　　　工程　　　表1.10

分包人名称		地址			
法定代表人		营业执照号码		资质等级证书号码	
拟分包的工程项目	主要内容		预计造价（万元）		已经做过的类似工程

主要参考文献

1. (美)温迪文;徐斯.出访礼仪指南.上海,上海教育出版社.2001
2. 王水华.公关与商务礼仪.南京,东南大学出版社.2001
3. 金正昆.公司礼仪.北京,首都经济贸易大学出版社.2003
4. 张弘,刘成刚.礼仪大全.呼和浩特,远方出版社.2004
5. 刘连兴等.大学生礼仪修养.济南,山东大学出版社.2004
6. 金正昆.服务礼仪教程.北京,中国人民大学出版社.2005
7. 金正昆.国际礼仪.北京,北京大学出版社.2005
8. (美)George Y. Tang.美国日常礼仪.北京,北京大学出版社.2006
9. 卢隽美,范莹,王子弋.礼仪基础.上海,华东理工大学出版社.2006.8
10. 张万久.漫画礼仪.杭州,浙江大学出版社.2006.8
11. 宋莉萍.礼仪与沟通教程.上海,上海财经大学出版社.2006.12
12. 张自慧.礼文化的价值与反思.上海,学林出版社.2008
13. 陈国强.面试礼仪与口才.北京,中国经济出版社.2008.1
14. (美)苏·福克斯;张乐,马千.身边的礼仪.北京,机械工业出版社.2008.3
15. 金正昆.礼仪金说.西安,陕西师范大学出版社.2009.3